U0092572

世紀交錯雜感錄

陳正茂隨思筆記

陳正茂【著】

▚▚ 自序

　　收錄於本書的文章，年代跨度頗大，可謂正值世紀交錯之際。其中有一、二十年前研究生時代的舊作，感時憂國，對當時台灣正值轉型之際，於政治、政黨、外交、社會現象等，寫出若干心得感想。也有筆者執教杏壇二十餘年來的觀察所得，對知識份子社會地位的邊緣化、如何重建知識份子的尊嚴、大學生的社會角色，提出自己的一愚之見。另外，近年來讀史及台灣文學的所思所感，也一併獻曝於書中，或可作為一種隨思筆記吧！

　　本書之能面世，還是要感謝秦賢次先生之引薦而得識登山兄，登山兄可說是我生命中的貴人，近兩、三年來，要不是登山兄一再鼓勵鞭策筆者多寫多發表，筆者恐怕是沒有勇氣撿拾這些昔日的舊作而輯結成冊的。另外，也要感謝秀威宋政坤總經理的鼎力相助，沒有宋總經理的慨允出版，筆者這些舊作殘篇，付梓問世當遙遙無期。末了，讓我以此書紀念母親陳呂研女士在天之靈，先母離世已五載，昊天之恩，回報無及，悔恨常留夢中。

陳正茂序於台北士林

99年12月

目　錄

附錄──台灣文學三講

上篇

——教學雜感

人文心靈之重建

自19世紀以來，科技的高度發展，使人類物質文明的進步一日千里，智慧財富的積累，超過已往三千年之總和。原本以為物質文明的突飛猛進，會給人類帶來品質的提升及境界的昇華，不幸的是，結果恰好相反。因為人文道德之墮落，良知喪失，人性乖戾殘暴，情感偏激澆薄，極端的放縱恣求，盡情的濫施權力，這情況尤以自20世紀以降，表現的最為明顯。兩次的世界大戰，為人類帶來多少災難，此皆人之貪婪、野心、慾望所致。欲剷除人之劣根性，可望者，恐怕只有人文心靈之重建一途了。

拜科技文明之賜，人類的物質享受遠超過已往，但人性「物化」的也愈來愈嚴重。有鑒於此，教育主管當局亦煞費苦心的從小學開始，設計一套較合乎人性與彈性多元的課程內容。舉凡小學的鄉土教材；抑或是國中的認識台灣，以及大專院校多樣的課程，如藝術概論、文化史、歷史與文化、兩性關係、人際關係等等。希望學生於專業領域外，能多涉及其他人文社會科學方面的知識，進而使學生在人生的起步和學習過程中，多些人文的涵養與氣質。

　　平情言，此立意甚佳，且用心良苦。但以筆者在杏壇多年觀察所得，現代學生，尤其是大專院校之學生，仍常存在著幾種弊端：

（1）掌握不住人生方向，隨波逐流，跟著潮流走，急功近利，短視淺薄，對前途沒信心，生涯欠規劃。

（2）素質涵養低落，此尤表現於日常生活教育的失敗最為明顯，大學生舉止輕佻，行為乖張，出口成「髒」，言語無味者，隨處可見，舉凡一個大學生所應有的素質涵養均付之闕如。

（3）欠缺自省能力，做事敷衍推託，有事爭功諉過，遇事指責別人，心態上往往只見他人之短，而未真誠反省自己之過，此觀念實足堪虞。

（4）道德理想的喪失，人生在世，總有一終極之道德理想，此理想乃吾人安身立命之所託。現代人往往因功利主義影響，凡事只講求功、名、利、祿，而忽略靈根之栽植與道德之培養。渾渾噩噩，激蕩偏執，此現象不僅於世俗有之，校園學子亦復如此，思之令人憂心。

　　凡此種種弊端，實有賴人文心靈之重建。人文心靈可概指道德涵養與心性修維，此工夫全賴於一念之誠，誠則神明，有心向之，何愁不成。志向立其遠，胸襟恢其宏，涵養須用敬，為學在致知。平時多閱讀書籍，多反躬自省，不妄自菲薄，見

賢思齊，努力成就理想，提昇自我境界，趁青春年少進德修業，假以時日，學問自然精進，德性自然增長。

　　晉陶淵明云：「悟以往之不諫，知來者之可追。實迷途其未遠，覺今是而昨非。」生命雖是倏忽，個人誠然渺如滄海一粟，但應將倏忽渺小的個人生命，轉換成一個更大的生命，寄託在一個崇高的理想裡。真切掌握人生的方向，朝此方向，全力以赴！

■■ 生命意義與人生價值

　　現代人最大的困惑，莫過於缺乏自信及對未來的茫然，現代人的自卑，在於對生命未來定向掌握不清，不清楚人生的價值和存在的意義，之所以會如此，皆係現代人缺少內省的工夫所致。世人皆知，在那波浪滔滔的尼羅河畔，有座傲然獨立蒼茫，俯瞰一片漠漠黃沙的埃及人面獅身獸（Sphinx），他曾以神秘的生命之謎為題，測試沙漠道上過往旅人的智慧，如果猜不出謎底，將要遭受到殘酷的吞噬，默默接受死亡。因此，不知道有多少人棄屍荒漠，喪失了寶貴的生命。

　　在埃及神話裡，這人面獅身獸雖然是個可怕的吃人妖魔，但他卻能夠用他高度的智慧警惕人們，凡不能領悟生命真諦，即等於死亡。沒有價值的生命，實際上就是虛無，或者是不存在。宇宙之間，一切生命固然脈脈相承，生生不息，但人們反而迷惑於生命的豐富，僅知珍惜生命的存在，卻不重視生命的價值。

　　其實！人的生命本身就是一種價值；人的存在，原本就是一件莊嚴的事實。只要能夠確切把握生命存在的這一事實，直下承當，憬然自覺，以自己為主體而發揮生命之力，此即人生智慧的開端。所以對自己，千萬不要妄自菲薄，輕忽自己，

甚至見異思遷，缺乏定向。宋儒陸象山言：「千古聖賢，只辦一件事，無兩件事。」一件什麼事呢？就是先在自己的心上立本。立本之道，在於自省己身之價值，且為此價值願終身全力以赴。

當然，在價值自我完成的路上，挫折、徬徨、迷惘、失敗、頹喪等困難均在所難免，但沒有波折的人生，就如同無浪的海面，有何精彩意義可言。羅曼羅蘭說：「人生是一場無休、無歇、無情的戰鬥。凡是要做夠得上稱為人的人，都得時時刻刻向無形的敵人作戰。」

「前不見古人，後不見來者，念天地之悠悠，獨愴然而涕下。」宇宙蒼茫，大地莽莽，古人已逝，來者未見。心靈深處雖有不盡的迷惘和鬱悶之感，然而在宇宙天地之間，生命的存在即是價值。而人的存在價值，則取決於內心的反省，有賴於自己去估計。所謂：「樞紐在方寸，操舍決存亡。」西哲尼采說：「在我昨晚的夢中，我立於天之涯、地之角，手持天秤，稱量這世界。」這是何等磅礡的氣魄！總之，忘記過去的失敗，汲取失敗的經驗，在迷惘徬徨之中，能堅毅的走出一條屬於自己的路來，這才是人生，在發光發熱的年代，不要留白。

▪▪ 從「學運」看大學生的社會角色

　　自從政府宣佈解嚴以來，無庸置疑，我們整個社會的脈動，頓時活絡了起來，無所不在的社會力大幅湧現著。大學生，活在這耳濡目染的情境下，自然不可能再無動於衷而埋首於象牙塔。職是之故，大學生不能免俗的離開校園，走向街頭，也就成了不可避免且不足為奇之事。本來學生關懷社會，走入人群是件好事，但是靜觀台灣近年來的學生運動，學生扮演社會改革者的角色已漸模糊，「學運」侵略性十足，但代表性相當有限。

　　更令人憂心的是，學生運動已逐漸脫離傳統——保持客觀中立的立場，維護社會正義的形象，而走向與利益團體掛鉤，訴求「泛政治化」的惡質。大學生是學生運動的主力，其所飾演的社會角色十分重要，因此如何為大學生在社會角色上定位？及大學生自我應如何自持態度？是件頗值得吾人深思探討的課題。

　　首先吾人肯定大學生的理想社會角色，在現實中是可實踐的，因為大學生是社會的菁英份子，其行止備受社會矚目，且可以影響社會大眾。其次，大學生的熱情與活力，使得改革的行動得以有效運作起來；兼以大學生在時間的掌握上較具彈性，提供了行動所需要的時段。最重要的是，大學生在無視現

實利益牽絆下，減低了改革行動變質的可能性。且大學生敏感的氣質與社會問題的多元化，也使得改革不會成為找不到問題入手的困局。以上是從社會改革者的角色去看大學生，其角色在現實中是可行的。

問題是，吾人亦不可否認大學生在扮演社會角色方面有其侷限性；首先係緣於大學生本身在知識及經驗上的不足，使得自身在參與社會時，擺脫不了學習者的角色。可是參與國是，關懷社會又一向是傳統中國知識份子的使命，在這種令人頗為困惑的情境下，可以概見大學生在參與時的困局；那就是知識與經驗的不足，觀照的層面不夠寬廣，可運用的資源有限等。

其次，無可諱言，大學生擁有最單純及最直接的正義感和道德心，這是大學生與社會人最明顯的差異。也因如此，大學生能保有理想不被現實利益所扼殺，且能對社會問題有敏銳的觸角，也能對該問題的改善提供最具理想性格的力量。但也因力量來自理想性格，故落實到實際層面時，常有一段相當的差距，進而阻礙其完成的可能性。最後吾人再談談社會角色定位，下列四點足供大學生參考：

（1）大學生的社會角色，不一定僅侷限於學生運動；相對的，學生運動的功能，也不能只圍於政治層面的訴求。解嚴以來，我們的學生確實有太投入政治社會的傾向，對於一些現實有亟欲發言的現象。但發言訴求後所可能帶來的後遺症及負面影響，則乏評估思慮及應有的責任態度。

（2）大學生的社會角色，有別於一般社會人，大學係高等教育的核心，大學生也因此被界定為將來社會的中堅份子。他們一方面為社會所重視；再方面亦為大眾模仿的對象，傳統知識份子之所以為社會所尊重，乃因其係代表社會之清流。現在的大學生是否有其風骨、認知與使命感呢？

（3）大學生的社會角色，基本上是學生，雖然學生關心國家大事是好現象，是知識份子應有的作為，但是否應該以「本務」為重呢？所謂本務，即係以學問為主，以課業為重。只有堅實的學識基礎，才是貢獻國家社會的本錢，否則捨本逐末，在學問未成、基礎未固的情況下，一昧的熱衷社會運動，對社會是一種浪費；對自己亦是一種損失。

（4）大學生的社會角色，本身具有理想的角色與現實的角色，理想是我們所追尋的，但現實是實際的，在理想與現實中總有些差距。學生不可強求現實中的情境，要與自己的理想相符，否則將以激烈的手段，逼現實的狀況改進，這種方法除造成非理性的自我膨脹外，對己身及社會均無助益。

基於上述四點原因，吾人以為，若大學生能以開明理性與堅實的學識為基礎，在社會運動中發揮作用，使得社會運動的展現較為理性有效，此對大學生是有益的學習歷程，同時也有裨於社會的健全發展。是以，台灣的大學生，在參與社會運動時，是否更須深思己身的定位呢？

時間與進修

　　歲末冬殘，時序已進入12月，再過一些天，人類即將揮別20世紀，邁入全新的21世紀。百年回首，20世紀的快速變遷，科技一日千里的進步，早已超越人類過去文明的總和。若問20世紀最大的特色為何？可能的答案是，知識的積累與蓬勃發展吧！然弔詭的是，現代人，明知汲取知識的重要，但卻又常以忙碌為由，以致無暇進德修業而拒絕接受新知，此現象尤以在成人世界最為明顯。流風所至，甚至波及到青年學子，忙忙忙，時間的不夠，似乎成了不能、不克進德修業一個最好的藉口，但事實果真如此嗎？

　　基本上，以抽不出時間或時間不夠為理由，而強調不能從事進德修業之努力，其實是狡辯之詞。須知愛迪生年輕時在火車上做報僮，一天工作十餘小時，尚能抽空利用車上吸煙室，布置一小實驗室，每天一有空即跑去做實驗，最後竟成為一偉大之發明家。林肯一生上學的日子，加起來還不到一年，學問全靠自修而來。蕭伯納13歲即離開學校，其後一直在商業機構工作，一面練習寫作，並向各處投稿，但直到將屆30歲時，作品才逐漸有刊出的機會，而在此期間，他已奮鬥了15年。上述這些例子，都是在忙碌當中，靠勤奮自學成功的偉人。「舜何

人也？予何人也？有為者亦若是！」他們能成功，吾人應該也有成功的機會啊！

現今社會，是個知識專業掛帥的時代，誰的知識高、專業精，誰就能在未來社會中，佔著優勢，立於不敗之地。因此欲將來有前途，有希望，吾人就要從現在起，加緊努力進德修業，充實自己的知識，增長自己的技能，要懂得把握時間，運用時間，支配時間。千萬不可以時間不夠為推託之詞，而平白浪費生命，最後落得「少壯不努力，老大徒傷悲」之憾。進德修業既是如此重要，且關係到我們一生的成敗，那麼如何來支配自己的進修時間呢？在此提出幾點原則，僅供大家參考：

（1）首先我們必須要了解，學問為濟世之本。所謂學問，是指有系統、有條理、有組織的知識。而知識又有常識與專業之分，常識是每個人最起碼要知道的東西，舉凡歷史、地理、生理衛生……等；專業乃屬於專門的學識，如文學、哲學、史學、工學、理學、醫學……等。一個人的時間精力有限，自然無法精通各科；但基本上，至少要學到常識很豐富，另外又能兼習到一、兩樣專業。如此，近可修身，遠可治事，對你的人生未來，將有很大的裨益。

（2）其次要明白為學的道理且與時俱進，學問的精進，有賴日積月累之功，不斷的學習才能不停的增長，所謂「學如逆水行舟，不進則退」即為此意。所以真正做學問，實不能須臾離開書本，片刻終止學習，否則即有落伍之虞。況

以現今是個日新月異的時代，各種新生事物不斷的推陳出新，吸收鑽研尚且不及，豈可怠惰，是故「活到老，學到老」已是現代人必備的學習心理條件。

（3）最後要有恢宏的胸襟及不故步自封的觀念，時下社會有很多人，以為自己曾受過某種階級的教育，或得過某種學位，便自以為是，認為自己滿腹經綸，學問已經充分，可以夠用了。此真是井蛙之見，須知「學無止境」，進德修業是永遠不夠，無盡無垠的。吾人絕對不可以有如此的觀念和態度，否則故步自封，自甘落伍，終必為時代所淘汰。

除此之外，在行動上，我們也必須要養成一些習慣，才能使自己在進德修業上有所成就。首先要培養忙裡偷閒的習慣，不管你每天在課業上或工作上如何的忙碌，也得抽出若干時間，一小時也可，半點鐘也行，閱讀你所喜歡的書報或課外讀物。其次要有不讀書，即渾身不舒服的感覺，古人云：三日不讀書，即覺面目可憎，有了這種意念，自然再怎樣的繁忙，也會設法抽暇讀書了。最後更要有「敏而好學，不恥下問」的心態，三人行必有我師，要養成能虛心與人討論學問的美德與習慣，時常請教別人，如此對你的學問精進，絕對有助益。

學海無涯，唯勤是岸，書到用時方恨少，業精於勤荒於嬉。青春有盡，時光有限，千萬別以為自己還年輕，有揮霍不完的時間與精力。須知韶光易逝，百年不也倏忽即過，即時掌

握時間，即刻努力奮發。最後謹以吳稚暉先生的一段名言：
「悠悠宇宙，將無窮盡，顧吾朋友，勿草草人生」與大家共
勉，並期待能有更嶄新美好的未來。

■■ 淺論為文之道

　　教書二十餘年，談起寫作文，多數學生常不知如何下筆，或乾脆隨便塗鴉一通，敷衍交差了事，害怕厭煩作文的心態表露無餘。其實作文和說話差不多，說話是將心中的意思，用言語吐露出來，而作文則是運用文字，把自己的思想感情表達於人的一種形式。作文時用不著太緊張，可如說話一般，「我手寫我口」、「我手寫我心」，有什麼要說的，儘量忠實的寫出來即可。

　　以淺例舉之，作文如同造房子或做菜，匠人把磚土木石和鋼骨水泥配搭起來，即成房屋，廚子將魚肉蔬菜及油鹽醬醋調配起來，便成佳餚。作文也是如此，先認清題目的意思，決定做何文體，然後構思，剪裁排比，注意結構、佈局、修辭、造句、用字，便可成為一篇通順流暢的文章。話雖如此，但對缺乏寫作經驗的同學們，可能依舊感到茫然，現逐一作番介紹：

一、關於題目：作文題目不宜過大，要盡可能養成「小題大做」的技知才能，抓住題旨發揮。例如〈我的家庭〉、〈我的學校〉，便須就家庭、學校範圍的事實現象著墨，無須從國家或社會道起。

二、掌握核心：一個題目，雖只有幾個字，但卻有本末主從之分，所以下筆時要抓住核心，不可本末倒置。如〈青年與愛國〉，重點宜擺在國家上，因此應在「愛國」二字上盡量發揮，然後再歸結到青年學生應該愛國的題意上。

三、切合實際：作文最忌抽象的空論，就是要發揮議論，也要針對題目。比方題目是〈怎樣做一個現代學生〉，宜從列舉做現代學生的條件，和怎樣做到切合現代學生的方法著手撰寫，而不能從做人的道理，甚至一切倫理道德的理論上去發揮。

四、文思結構：為文之文思結構，須視題目情形而定。譬如意義廣泛的題目，可把己身耳聞眼見，親身的經歷，較重要而有意義且和題目有關的資料事實，依時空的順序排列起來。如〈我的母校〉一題，可從母校的環境、歷史、老師和同學各方面，運思構想而落筆。至於較枯澀的題目，可用如下三種方法：1、題前思索法：從題目的前面加以思索。2、側面思索法：從題目的側面事物加以引證。3、反面思索法：從題目的反面去構思。

五、剪裁材料：確定和認清了題目，腹稿也構思了差不多，接下來便需做去蕪存菁的剪裁工作。一般說來，剪裁的方法有四：1、切合中心思想：要能反映作者特色。2、生動新穎：要採取生動活潑的故事譬喻。3、不貪多：要看用途而

定多寡。4、避落入窠臼：以具體新鮮而有特色為原則，切勿陳腔濫調，人云亦云。

六、排比材料：文章的結構，方式很多，茲列舉較常見及重要的幾種如下：1、平舖直敘法：按事情發生之先後，以作排比的準則。2、先敘後議法：先記事實，然後就這件事實來抒發感想和議論。3、先議後敘法：先發表議論再列舉事實以佐證之。4、夾敘夾議法：敘一段事實，發一段議論，再敘一段事實，再發一段議論。5、穿插法：以平舖直敘法作文時，遇有重要關節，隨時加以穿插補充。6、逆行倒溯法：把最近發生之事，先行敘說，然後再倒溯上去。7、先合後分法：先列各項詳細章目，然後再為總結。上述前六項，常用於記敘或抒情文；最後一項則多用於議論文。

七、詞句修飾：一篇好文章，不但要將胸中積蓄的情趣盡情表達，且一字一句之自然與否，組織是否完密，材料是否適當，均須有美好的配合。遣詞宜製配適當、意義完整、聲調鏗鏘、簡潔順暢；練字要確當、簡明、生動有力、聲音和諧美妙。一篇文章倘能如此，則文意顯豁，文氣有力，作者有盡量傾吐之快感，讀者也有感情交流的妙趣。

八、充實文意：為文之道，首重者為言之有物，一篇文章雖有優美的詞藻、分明的層次，但缺乏堅實之內容，則仍為一篇失敗的文章。故文意之充實，誠為文之首務。如何充實

文意，其法有三：一為多讀書，古語云：「讀書破萬卷，下筆如有神」即為此意。二為多遊歷，讀萬卷書不如行萬里路，多遊歷、多留心周遭事物。太史公遊名山大川，筆下遂有奇氣，即此之理。三為多寫作，「未經一番寒澈骨，焉得梅花撲鼻香」，古今成名之作家，莫不經過一番刻苦的練習方才成功。左思為〈三都賦〉構思十載，賈島為「推」「敲」二字大費神思，此即嘔心瀝血之為文之道。

昔曹丕〈典論論文〉有云：「年壽有期而盡，榮辱止乎其身，未如文章之無窮也。」故古人以「立言」為三不朽之一。同學們，為文其實不難，上述淺論如同一把鑰匙，打開文章奧妙之門，有待自己去開啟吧！

■■ 重建知識份子的尊嚴

　　自清末以降，由於遭受到列強一連串的欺凌壓迫，使中國知識份子在民族復興意識強烈驅使下，開始對自己傳統文化漸有輕蔑、厭棄的逆流心態。而中國文化在面對西方文化激烈的挑戰時，因無法作有效的「回應」，也顯然陷入了無所適從，進退失據的窘境。之所以如此，其內在因素是自己不能建立一套中心思想；外在因素是自五四以來，我們即一直在尋找一條文化坦途，用來融合傳統與現代、中學與西學、倫理與科學，希望畢其功於一役。但是我們一直缺乏一個完整的學術系統，與具有中心影響力的思想主流，以至於其夢想追求終歸於失敗。

　　其實，台灣今日所最需要的，不是浮誇荒誕的虛學、偽學，或不經價值判斷的西學；而是要貨真價實的實學。宋儒程伊川論《中庸》曾說：「其書始言一理，中散為萬事，末復合為一理，放之則彌六合，卷之則退藏於密，其味無窮，皆實學也。」人文科學即為「其味無窮」之「理一事殊」的學問，亦因之而為最根本的實學。

　　目前國內學術重點太偏重於自然科學，對人文科學較輕忽而不重視。然人類生活、社會風氣等問題均與人文科學有關，政府如能加以提倡，並予以高度發展，不僅使我中華文化放一

異彩，且對當前諸多社會問題也能得一根本解決。是以如何為人文科學扎根，進而帶動科技生活下人類性靈的提昇，使人們免於「物化」的危機，實為當務之急的頭等要務。

歷史告訴我們，一個國家的強盛與繁榮，並非只是單純的繫於「堅甲利兵」，而是建立在教育文化的復興之上。而教育文化之所以能興盛，尤植基於學風之完善與否。無可諱言，今日我們在經濟上是有非凡的成就，但是教育文化的進步未能跟上經濟成長的腳步，今天擺在我們眼前，有三種風氣影響到完善學風的樹立。

一、競相逐利之風：白屋詩人吳芳吉於民國12年給他的好友吳雨僧的一封信，曾感慨地說到：「學風之壞，以師道之墮落為其總因。師道所以墮落者，其一因由為人師者之無學德，無誠心；其二即由辦學校者之不能尊師，千萬不能得一。彼輩之於教師，蓋僅有金錢之關係，無道義之負擔；有暫時之契約，無永久之軌範。如此而欲士氣之發皇，幾何其能有濟矣！」（白屋嘉言）。

白屋詩人這段話，在九十多年後的今天，讀來猶令人心有戚戚焉！教育是國家的根本，老師是傳授知識的泉源，學校是培育人才的殿堂。然而在今日功利主義的環境中，以補習而競相逐利者有之、以庸師而濫竽充數者有之。整個社會環境競相逐利的風氣，掩蓋了學術應有的良

知和教育的道德，實不該讓這股歪風繼續充斥於學術環境，殘害我們的學術風氣。

二、華而不實之風：耶穌說：「惡苗結不出善果」。學術風氣也是一樣，欲營造完善的學術風氣，首求負責執事的人，具有很好的人格，否則根本一壞，其影響所及，無所不壞。此處所指的壞人，即為那種華而不實的人，這種人每處於領導地位，他的所作所為，影響社會極鉅。

　　今天我們需要樹立誠懇的學術風氣，而必需是學術界的領袖人物，能真正懂得引領學術潮流，培養學術風氣的實心之人，才會在完善學術風氣的薰陶下，變化氣質，提昇水準。但是看看今日的教育界，仍有這些壞人在外面打起招牌，沽名釣譽，在裡頭發生腐化作用，其禍之蔓延，實令人心憂。

三、虛假好名之風：人之好名，需要靠真才實學、名實相符，如此才是真名。今日學術界之風氣，頗多虛名浮誇之士，實在使人耽心。哲學家熊十力曾痛心的說：「私慾之甚者莫如名，外競於名，則中藏實鮮。亡實者，志已不持，萬惡所由始也，古今有聰明才辨者蓋不少，而考其所造就，往往甚草草，甚至自誤誤人。其所由至此者，急於自見，迫於自炫之私過熾。則自反自修之忱，漸減以至盡。逞浮游之小慧，縱搖蕩之狂情。投時風眾勢之所偏向。而不暇

於擇善固執，不堪以精義入神，此好名者之通患也。好名之風盛，則思想界，日趨於浮淺混亂。及至作種種惡，而無有維繫身心，充實生活之要道。好名者，外逐而無以自持，故其流極不堪問，學者習以成風，則影響於社會者，其害不小。」《讀經示要》

觀此哲人讜論，能不令人怵然憂之？由於社會上普遍彌漫著這三股危害學術氛圍的風氣，因此我們要誠懇呼籲，為國家千百年生命計，妥善樹立誠懇的學術風氣，是件刻不容緩的事了。

已故考古學家李濟曾在一篇名為〈文化沙漠〉的文章說：「今天台灣的社會裏、政治裏，流行各種禁忌，因此思想的範圍大大的受了限制，使人有股沉重的鬱悶之感。」尤其是那些長年在知識與職業上找不到『轉機』的青年朋友，肚子裏大都憋著一團悶火，總希望有機會盡情宣洩一番，或不自禁的想向讀物裏覓求得一點精神的出路，可是台灣的各色刊物，絕大多數不是有害青少年身心的暴力、色情刊物，就是充滿無聊低俗的小說。

以最大眾化的讀物——報紙來說吧！一邊是描述著數不完的好人好事；一邊又報導層出不窮的風化、貪污、兇殺、詐騙等案件。當然我們不應歸咎於單單某一方面，不過無論如何，在此鬱悶的思想氣氛，應該鼓勵青年勇於負責，正視社會的敗德，敢於批評、敢於指責不良風氣，且更需要知識份子理性的判斷。

　　知識份子是國家的中堅、社會的安定力量。然而自清季以來，由於歐風東漸，維繫傳統中國士紳階級的科舉制度瓦解了，而政局的動盪不安，社會多元化，知識份子心理上集體感到政治與社會的疏離感，而成了被遺棄的一群。

　　知識份子這種嚴重挫折感的現象，誠如殷海光所說的：「中國近代的知識分子，自嚴又陵、康有為、梁啟超以降，在推動中國現代化運動上和歷史性的變動上，無論是直接或間接，多多少少有所貢獻。到了五四運動，這一發展到達一個新的高峰。就我們所知，中國知識分子對新知識的灌溉、新思想的介紹、新觀念的啟迪、新制度的推行、風俗習慣的改革，都表現了罕有的熱忱和高度的銳氣。然而，曾幾何時，面目全非、斯人憔悴；於今，一部份知識分子飄零海角天涯，一部份知識分子被穿上緊身夾克，一部份知識分子過著寨慄淡漠的歲月。這是一幅秋末的景象，涼風起天末，草枯木黃，無邊落葉紛紛下。祇有三幾片傲霜葉，高掛枝頭，在寒風顫抖，任漫步懷古的詩人悲吟！」

　　中國知識份子是失落了！這種失落感，表現在五四時代最為清楚；自五四以來，中國知識份子就不顧中國歷史文化在世界史上的完整獨立性，把中國歷史硬化分為什麼「青銅器時代」、「奴隸制度」、社會的「統治階級」等等，以配合西方學者對中國歷史文化的種種誤解，不僅喪失了知識份子的「學格」，也喪失了國格。因此我們願意大聲疾呼，這一代的知識

份子，不可妄自菲薄，我們責無旁貸的任務，是基於民族文化的大義血忱，使西方學者多一些對「中國文化精神的同情了解」（方東美語），以及恢復知識份子該有的尊嚴。

總之，學術思想是民族文化的根源，由於近代中國文化精神之空虛，方有神州陸沉之悲劇。因此今天中國的知識份子，正遭逢的是文化生機殆滅與文化本位喪失的最大考驗，我們必須理智的、冷靜的認識自己和了解環境，才能無畏於邪說橫行，也才能跳出自我陶醉的格局。

今天我們所要的，是以自己實事求是的態度，來建設自己的歷史文化，以良知血性來保存固有民族文化生機的歷史宏任，如此偉大艱鉅的使命，中國知識份子應有「捨我其誰」的抱負，而此一抱負的實現與否？就在於社會能不能重建知識份子的尊嚴。

學風與知識份子

　　一個社會、甚至一個時代，欲求其學術風氣之提昇篤實，端視知識份子之心態驕傲謙虛與否？蓋知識份子為社會之中堅；萬民之表率，其領袖群倫，為四民之首也。倘知識份子心態純厚謙虛，則可洗社會浮誇之氣，臻學風於平實和善之境；倘若不然，則虛矯驕矜之習起，學風亦為之衰頹萎靡矣！

　　有清一代，「推倒一世智勇，開拓萬古胸襟」者，當舉明末清初之樸學大師顧炎武。顧氏之所以被尊為「一代學術的開山大師」，除學問文章外，實與其虛懷若谷之研究精神有關。崇禎末年，滿清以異族入主中原，誠歷史上之一大變局，其勢如飆風狂雨驟至，處於此風雨飄搖間之知識份子，以遺老之姿，銜亡國之哀，痛定思痛，感悟亡國之由，有明中葉王學之流弊，為肇致亡國滅種之因。職係之故，競相為陽明心學之反動，樹立經世致用樸學之風。

　　此其中，最能代表時代心聲者，是自喻「逃名寂寞之鄉，混跡漁樵之侶」的顧炎武。顧氏於明亡之後，遍遊華北，陰結北方學者，共倡篤實學風，其治學，「有一疑義，反覆參考，必歸於至當，有一獨見，援古證今，必暢其說而後止。」於是

考據學出，盡反空疏之王學，寖假至乾、嘉時代，考據學已另闢蹊徑，風靡學術界矣！

　　章學誠許顧氏為開國儒宗，蓋有感其影響遠非清初其他學者所能企及。汪中自稱「少日問學，實私淑顧亭林處士」，陳澧寫《學思錄》，亦自言「僕之為此書也，以擬日知錄」。民初言論界驕子梁啟超在其大著《中國近三百年學術史》亦讚譽，「論清學開山之祖，舍亭林沒有第二個」。顧氏深遠之影響，自非他在世所能預料，惟其影響最大者，尚不在其「內聖外王之道」，而在其治學之態度與方法。顧氏有睥睨清廷之傲骨，但待人治學，胸懷之謙虛，迥非時人所能比擬，其寫〈廣師〉一文，極誠懇的稱讚很多同時代之學人，其云：

　　「夫學究天人，確乎不拔，吾不如王寅旭；讀書為己，採頤洞微，吾不如楊雪臣；獨精三禮，卓然經師，吾不如張稷若；蕭然物外，自得天機，吾不如傅青主；堅苦力學，無師而成，吾不如李中孚；險阻備嘗，與時屈伸，吾不如路安卿；博聞強記，群書之府，吾不如吳仕臣；文章爾雅，宅心仁厚，吾不如朱錫鬯；好學不倦，篤於朋友，吾不如王山史；精心六書，信心好古，吾不如張力臣。」（《亭林文集》，卷六：〈廣師〉）

　　俗謂讚古人易，譽今人難，如此多的「不如」，並非顧氏立異清高，沽名釣譽，而是其深解「聞道有先後，術業有專攻」之理，當然其「敏而好學，不恥下問」的謙虛心理亦是重

要因素。其撰寫《日知錄》時，嘗力言「昔日之得，不足以為矜，後日之成，不容以自限」，因此受其影響之清代考據學家，在治學態度與方法上，是相當小心嚴謹的。

如王鳴盛云：「大凡人學問積實者必謙退，虛偽者必驕矜，生古人後，但當為古人考誤訂疑。若鑿空翻案，動思掩蓋古人，以自為功，其情最為可惡。」（《十七史商榷》）有清樸學平實厚重之特色，考據學家祥和誠摯之學風，與顧氏之虛懷精神，不無關係。

降及晚清、民初，西力東侵，中國遭遇到千年未有之大變局，政治不安，學風丕變，清初乾、嘉篤實之學風不見了，代之而起的，美其名為自由學風，但因誤解自由之義，致實際上流於輕浮、囂張、謾罵之學風。學風一壞，大亂亦尾隨而至，國家更動盪不安矣！以康有為而言，其《新學偽經考》、《孔子改制考》、《大同書》諸書，誠發人所未發、言人所未言，大有「語不驚人死不休」之態。

其思想之武斷、恣意立說，大言「中國二千年歷史為野蠻，而歐洲現況為文明，遂以中國二千年歷史皆孔子之小康，皆劉歆之偽說」。放言高論，大放厥詞，殊有失有清學者實事求是之風。譚嗣同之「衝決網羅」，在《仁學》一書中，力言「二千年之政，秦政也，皆大盜也；二千年之學，荀學也，皆鄉愿也。惟大盜利用鄉愿，惟鄉愿工媚大盜」，結論固然鋒利，然尖酸刻薄矣！

學風遽變，國民心理亦流於妄自菲薄，崇洋媚外，主張「中學為體，西學為用」的張之洞即很感慨的說：「近日風氣甚替，善西學者，自視中國朝政民風，無一是處，殆不足以比於人，自視其高曾祖父，無不可鄙賤者，甚且將謂數千年以來，歷代帝王，無一善政，歷代將相師儒，無一人才。」（《勸學篇》）語重心長之情，溢於言表。

晚清學風既變，迄於民國更加嚴重。五四時代，社會一片反儒家、反傳統思潮之呼聲，響徹雲霄，彌漫四方。有人以離經叛道之言，成為知識與論界的領袖；有人以「打倒孔家店」之說，被胡適許為打倒禮教的「老英雄」；有人以「吃人與禮教」名震一時；有人欲廢除漢文、漢字而改名為「疑古玄同」，其魯莽滅裂、荒謬絕倫之程度，實到不可理喻的地步。

平情而論，民國以來的知識份子，其心態是相當驕傲的，即以影響民國以來學術界甚鉅的梁啟超與胡適而言，便可看出端倪。梁氏在《中國歷史研究法補編》一書中言：「近三十年來的中國歷史，若把西太后、袁世凱、孫文、吳佩孚……等人──甚至於連我梁啟超──沒有了去，或把這幾個人抽出來，現代的中國是個什麼樣子，誰也不能預料。」

如此極為自負的話，出於梁氏之口，民初學風可見一斑。再以胡適而論，胡適一向為謙謙君子，但若干立論仍有失偏頗之處。如「中國這二千年，只有些死文學，只有些沒有價值的死文學」；又說：「古文死了二千年了，他的不孝子孫瞞住大

家，不肯替他發喪舉哀，現在我們來替他正式發訃文，報告天下：『古文死了，死了兩千年了！你們愛舉哀的，請舉哀罷！愛慶祝的，也請慶祝罷！』」如此以偏概全之文，若不是出自《胡適文存》，吾人還真不信出於胡適之言呢？

　　將清代的篤實學風與民國的自由學風相比較，自由學風本應能比篤實學風，創造出更燦爛輝煌的學術成績來。但民國以來的學術成果，能否凌駕有清，實大有疑問？台灣這六十年來，尤以解嚴之後，社會上普遍存在著「金錢文化」。功利、短視、速成、輕浮、愛放言高論，卻又不負責任，知識份子漠視自己的文化使命，競相追名逐利。影響所及，學風淺薄，游談無根之言，攻訐謾罵之語，充斥於大街小巷。倘知識份子不能誠信篤敬，謙虛純樸，侈言提昇學術水準，恐怕還真是個遙遠的夢呢？

■■ 閒話澎湖

　　澎湖位於台灣和大陸之間，自古即為大陸與台灣人民往來之跳板，其發現建置及開拓均早於台灣。就軍事地位言，澎湖扼台海之咽喉，不僅為台灣之門戶，尤為大陸海防之外府，海疆重鎮之地位毋須贅言。就政治地位言，澎湖在宋時，已有漢人移民聚居。元代，中國於澎湖設有巡檢司，澎湖已正式納入版圖。明初，太祖朱元璋雖曾撤廢澎湖巡檢司，然以其後人口增加，生齒日繁，為生計故，閩粵不少漢人大量湧入澎湖謀生；兼以彼時澎湖淪為倭寇與海盜之淵藪，為防備倭患故，明廷於萬曆年間復置澎湖遊兵，歸屬於福建省。

　　17世紀初，荷人曾據澎湖二載，荷蘭自澎轉向台灣發展後，福建巡撫南居益條陳增兵澎湖，並鼓勵沿海居民前往墾殖，澎湖人口因此劇增，大型的村集逐漸形成。明鄭時期，鄭延平經營台灣，以為反清復明基地，澎湖首為台灣門戶，設安撫司，屯戍重兵萬餘人，建築砲台，嚴防澎湖灣。清康熙22年，水師提督施琅率兵二萬人，戰艦兩百餘艘進窺澎湖，鄭氏守將劉國軒兵敗，明鄭因門戶洞開，屏障已失，只能納土投降，台灣澎湖再度收入中國版圖。

　　唯有清一代對澎湖的經營，並不積極。台澎收入版圖之初，即有「棄留」之爭，幸經施琅力爭方保留下來。然由此亦可知，清朝自始對台澎經營是持消極態度的，台灣如此，澎湖更不必說，這一忽視消極政策迄於光緒中葉台灣建省止，前後維持二百年之久。清之政策，委實言之，實係基於一種不正確的偏差政治觀點，為防止台澎再度成為盜藪及反政府的根據地，在澎湖的經營上，自是失計，這是令人遺憾的。

　　另就經濟地位言之，在宋末元初，澎湖已是商船匯集的停泊處，並已為閩南人之漁場。萬曆44年，福建巡撫黃承玄於其疏中云：「至于瀕海之民，以漁為業，其採捕於彭湖、北港之間者，數無慮數十百艘。」故澎湖在閩粵沿海之經濟地位，其重要性可見於一斑。明代台海之漁業活動，雖遭明朝之強力制止，推行「海禁」政策。然迄於明末，此禁令已形同虛設，不復有效。澎湖因此又成為海盜倭寇之巢穴，因而其在東亞海域之重要性位置日益顯著，漁業市場交易不僅不衰，反而趨盛，此吾人不可輕忽其重要之經濟地位也。

中篇

——讀史札記

珠沉滄海四十年
——《國體與青年》搜尋始末

　　《國體與青年》一書，原題〈中國之青年與共和之前途〉，是曾慕韓先生早期最重要的一本著作。該書著作之靈感，由慕韓之〈戊午日記〉看來，可能是受日人德富蘇峰所著《大正之青年與帝國之前途》一書之啟發；然其寫作之真正動機，由其老友左舜生的一段話，可略知端倪一二。舜老說：「少中發起於民國七年，在這個學會發起之前，曾琦寫過一本《國體與青年》，首先在上海的《救國日報》發表，隨後由王光祈在北京替他印成了一本小冊。」

　　「曾琦寫這本書的動機，大概是因為經過了民五袁世凱的稱帝，民六張勳的復辟，民四日本既有二十一條的提出，民國六七年之交，段祺瑞柄政的時代，日本對中國的侵略，更是一天緊似一天。他和他的一群留學日本的朋友，也就在這個時期罷學歸國。一方面他深深感到國體發生了動搖，同時外患又如此的緊迫，因此他把民國締造如何如何艱難，一班革命先烈如何如何純潔，當前國勢又是如何如何的危險，用他那支流暢的文筆，在本書裏說了個痛快，無非想激發一般青年一點愛護中

華民國的熱忱，大家起來同謀國事的補救，用意是很純潔而正當的。」（見左著：《近三十年見聞雜記》）。

誠然如是，時慕韓方自京去滬，主《救國日報》筆政，其撰此長文之目的，乃在痛陳國體動搖，外患侵逼，內憂方殷，國勢阽危，乃寄望全國青年激發熱誠，共體時艱，共扶危局。由於該文在《救國日報》連載一個月，各方反應很好，口碑甚佳，於是由王光祈出資代印單行本，列為「少中」叢書第一種，散播四方，極獲時賢推重。

蔡元培先生為之題簽，並改書名為《國體與青年》；胡適、陶履恭、周太玄、李大釗等為之序跋。該書之出版，頗予當時苦悶徬徨、憂心國事的知識青年以極大之鼓舞。蓋其時國家觀念與民族思想尚未動搖，厥後一變而為流行的世界主義，再變而為崇奉蘇俄之共產主義，此一轉變，殊為慕韓先生始料所不及。而《國體與青年》一書，適為其分水嶺之標誌，此為研究中國近代思潮所不可忽略者。

茲因該書充滿熱情，感時憂國之情溢於言表，故獲交不少志同道合之士，如湘人田漢便為其中之一。田漢因閱其書而與慕韓訂交，後且由慕韓介紹加入「少中」，文字感人，有如是耶！

然命運弄人，民國38年，神州板蕩，大陸沉淪，青年黨隨政府播遷來台。昔時在大陸之黨史資料，無論是個人的或全黨的，均因時局逆轉而未及攜出；也因此諸多珍貴史料均付之闕

如，《國體與青年》乃其中之尤著者。即使以先師沈雲龍（耘農）先生治史之專，蒐羅之勤，在晚年猶念茲在茲，以未能尋獲此書為憾，每與弟子提及，輒唏噓感歎不已。

猶幸兩年來，個人、國家都發生了不少的劇變，政府開放大陸探親了，兩岸的學術交流日趨頻繁。先師在青年黨的職務，也由黃欣周先生接任，欣老早年畢業於南京中大，其人慈祥和藹，對晚輩更是愛護有加。因先師之關係，筆者亦與之遊，遂成莫逆，訂忘年交。去年初，青年黨黨史會奉主席李幼椿先生之指示，擬於今年（1991年）慕韓先生百齡冥誕及逝世四十週年，出版《曾琦全集》以茲紀念，而蒐集資料之責，承幼老、欣老不棄，委筆者代勞。

筆者才疏學淺，何能擔此重任，但想到先師教誨之恩，為達成其未竟之願，豈可推卸責任，因此不揣譾陋，毅然擔起蒐羅之責。唯慕韓生前文章極多，有的早已亡佚，不知去向；有的散落港、台、大陸等地，匯聚不易。為達成任務，這段期間，筆者席不暇暖，東奔西跑，「動手動腳找東西」，國內各大圖書機構，搜尋殆遍。

香港部分，委託李金強、陳敬堂兩教授代為留意；大陸方面，上海、南京、北京等地亦曾親往蒐集，雖有些許斬獲，然慕韓早期最重要的長文《國體與青年》仍如石沉大海，杳無音訊。正當愁眉不展之際，去年7月中旬，中央研究院近代史研究所陳三井師為筆者介紹美國學者林如蓮（DR.Marilyn Levine）

博士，此人係研究「少中」會員趙世炎及中共留法勤工儉學運動，曾去大陸訪問多日，承其轉告大陸方面有不少學者研究中國青年黨，且已有專書問世。

林博士為筆者推薦多人，其中一位乃北京清華大學社會科學院之劉桂生教授。8月，筆者專函致意劉教授，不料劉教授回函告知筆者，他曾在五○年代北京東安市場舊書攤，無意間購得慕韓先生之《國體與青年》一書，至今雖幾經風霜，尚保存完整。不久，劉教授拷貝一份，經港轉寄來台，這真是「踏破鐵鞋無覓處，得來全不費功夫」。

也許是筆者的真誠，感動了慕韓先生在天之靈，抑或是先師在冥冥中的庇佑，一年多來，不知費了多少心思蒐羅尋找，然一直勞而無功。如今《國體與青年》居然尋獲，誠如劉教授所言：此書大概是宇內孤本，何其不易啊！

猶憶去年9月11日，筆者收到香港浸會大學李金強教授轉來此書之複印本時，睹物思情，百感交集，內心之感觸，久久不能撫平。珠沉滄海四十年，一朝重見天日，快慰之情，可以想見。前些時日承欣老欲將此書先行付梓，並促筆者述其搜集經緯，推卸不得，因草此文略作交代，一則告慰先師在天之靈；再則茲以紀念此一偉大之青年黨領袖。

由范仲淹與岳飛看宋人的忠義之風

　　《宋史》〈忠義傳〉序說：「士大夫忠義之氣至於五季變化殆盡，宋之初興，范質、王溥猶有餘憾，況其他哉。藝祖首褒韓通，次表衛融，足示意嚮。厥後西北疆場之臣，勇於死敵往往無懼。真仁之世，田錫、王禹偁、范仲淹、歐陽修、唐介諸賢，以直言讜論倡于朝，於是中外搢紳知以名節相高，廉恥相尚，盡去五季之陋矣！故靖康之變，志士投袂起而勤王，臨難不屈所在有之，及宋之亡，忠節相望，班班可書，匡直輔翼之功，蓋非一日之積也。奉詔修三史，集儒臣議凡例，前代忠義之士，咸得直書而無諱焉，然死節、死事，宜有別矣；若敵王所愾，勇往無前，或銜命出疆；或授職守土；或寓官閒居；感激赴義，雖所處不同，論其捐軀徇節之死靡二，則皆為忠義之上者也。若勝負不常，陷身俘獲；或慷慨就死；或審義自裁；斯為次矣。若蒼黃遇難，霣命亂兵；雖疑傷勇，終異苟免；況於國破家亡，主辱臣死，功雖無成，志有足尚者乎！若夫世變淪胥，毀跡冥遯；能以貞厲保厥初心，抑又其次歟？至於布衣危言，嬰鱗觸諱；志在衛國，遑恤厥躬；及夫鄉曲之英，方外之傑，賈勇蹈義，厥死惟鈞，以類附從，定為等差，作忠義傳。」

忠義精神有關「等差之說」，吾人難以苟同。尤以《宋史》為元人托克托奉詔所撰，以元人觀點來決定宋人的忠義，難免有偏頗之嫌。縱然說：「前代忠義之士，咸得直書而無諱焉」然實質上不可能無所諱。不要說宋元兩代原本是對立的敵體，而政權是由強凌的結果，即在中國正統史書中，既是「奉詔」修史，當然就不可能完全公正，即便是私人修史，也每多成見歪曲事實。

即使無兩代曾處於敵對的關係，光種族偏見，就在所難免。清代紀曉嵐所編纂的《四庫全書》，於歷代古籍雖有爬梳整理之功，但亂改亂篡，銷毀滅跡，於文化上實可謂為罪人。因此我們對於忠義之士，純憑事實及其影響而定，不認同《宋史》的「等差之說」。以下即就范仲淹與岳飛二人，分別代表北宋與南宋的兩位忠義之士，述其忠義，不評等差，作一歷史介紹。

范仲淹字希文，北宋太宗端拱2年生，其先邠人，後徙吳縣。生2歲，父死，母貧更適長山朱氏，仲淹從母改姓名朱說。及長知原為范氏子，感泣辭母去，堅苦求學至「斷韭乏粥」的地步，舉進士後，始歸宗名為范仲淹。仲淹一生，除文治武功之事蹟外，尚獎勵興學，召生授徒，於是學風大振，忠義之氣由是大起。晏殊曾薦為秘閣校理，每感激而縱論天下事，奮不顧身，一時士大夫崇尚氣節，此風自仲淹所倡導。

仁宗朝，仲淹選為吏部員外郎，權開封府，後因忤宰相呂夷簡，罷知饒州。西夏元昊叛宋，以龍閣直學士經略陝西，守

邊數年，號令嚴明，憂抗士卒，羌人呼為「龍圖老子」，夏人亦相戒不敢犯境，稱之曰：「小范老子」，以別前帥范雍，而謂之為「胸中自有甲兵」。邊事略定後，急詔歸拜樞密副使，進參政事。中外咸載其功業，上〈十事疏〉，發動「慶曆變政」，裁削冗員，考覈官吏，為僥倖者所不悅，群起反攻。仁宗不能支持，出為河東陝西宣撫使，遷戶部侍郎，徙青州，會病請知穎，卒於途中，贈兵部尚書，諡文正。有《丹陽集》及《奏議尺牘》等書，總編入《范文正公全集》，蘇軾為之序。

　　仲淹內剛外和，聲望極高，為士林領袖，時賢無不傾服。一生培育人材甚多，文如張載，武有狄青，經學孫明復，皆從其教。為秀才時，即以天下為己任，嘗言：「士當先天下之憂而憂，後天下之樂而樂」，忠義之風，胥由此起。尤樂善好施予，出其俸祿置義田以贍族人，自奉則甚儉，死無厚葬。死之日，朝野及四鄰莫不悲慟，生平所到之處，皆有祠堂祭祀。其影響所及，不僅一掃五代之陋俗，且開宋士氣節之風。朱熹曾言：「宋朝忠義，卻是從范文正作成起來也！」宋季文天祥之「義盡仁至」之氣，可以說，多少是范仲淹學風提倡精神的結果。

　　岳飛字鵬舉，河南湯陰人，事母至孝，少孤，家貧力學，得母教者甚大。慕狄青之事功，好《左氏春秋》，熟讀孫吳兵法。宋徽宗宣和中以敢戰士應募，隸留守宗澤部。高宗紹興初，張浚請飛同討李成，請為先鋒，大破成軍，江淮平，累授武安軍承宣使。宋高宗手書「精忠岳飛」四字，製旗賜之。歷

授少保，河南北路招討使，討平內亂，屢破金兵。既敗金兀朮於偃城，進兵朱仙鎮，指日渡河。

兀朮欲退師避之，有漢奸謂兀朮曰：「宋內有大臣專權，焉有將帥能功成抗外者乎？姑待之。」秦檜為金所促，高宗亦有所畏，乃力主和議，欲盡棄淮北與金，一日下十二金牌召飛返，授以樞密副使。軍將請勿應，方圖功成，飛曾言：「與諸君痛飲黃龍，即將實現，不可半途而廢」。飛亦曰：「十年之功，廢于一旦」，悲憤之情，溢於言表。但君命不可違，既歸，秦檜慫萬俟劾飛，遣使捕飛父子，遂成大獄，宋金和議也正式成立，時為紹興11年12月。

飛繫獄兩月，案不成，檜手書小紙付獄，陰殺飛於獄中風波亭，時為高宗紹興12年元月也。事聞於外，韓世忠責問檜：飛何罪？證據何在？檜曰：「莫須有」。世忠曰：「莫須有三字，何以服天下乎？」世忠致仕不言政，飛死年39。迨孝宗即位，隆興初與飛平反，詔復原官，諡武穆，後改諡忠武。寧宗嘉定時，追飛鄂王，有《岳武穆集》傳世。

飛死葬於杭州西湖畔，當地建有岳王廟，鑄秦檜夫婦跪於墓側，有松江女史撰一聯曰：「青山有幸埋忠骨，白鐵無辜鑄佞臣」。飛子雲，年12，即從飛轉戰南北，出入敵陣中，所向披靡，曾身被百餘創，後與飛同被殺，年僅23歲。孝宗初亦平反，贈安遠軍承宣使。

飛年少即能書，長於詩詞，有〈題青泥壁〉詩曰：「雄氣堂堂貫斗牛，誓將真節報君仇。斬除頑惡還車駕，不問登台萬戶侯。」此為其初從軍時所作，忠義之氣，已流露無遺。後在軍旅中又有詩曰：「號令風霆迅，天聲動北陬。長驅渡河洛，直捲向燕幽。馬蹀閼氏血，旗梟克汗頭。歸來報明主，恢復舊神州。」並大書「還我河山」四字以為旗幟。

復作〈滿江紅〉詞云：「怒髮衝冠，憑欄處瀟瀟雨歇。抬望眼，仰天長嘯，壯懷激烈。三十功名塵與土，八千里路雲和月。莫等閒白了少年頭，空悲切。靖康恥，猶未雪，臣子恨，何時滅？駕長車踏破賀蘭山闕。壯志飢餐胡虜肉，笑談渴飲匈奴血，待從頭收拾舊山河，朝天闕。」忠義之氣，貫衝日月。讀其詩詞，誰不激動？

向使非高宗秦檜專政，積弱之宋，或可因此而致強。事之不成，徒留千古遺恨。岳飛曾書諸葛亮〈出師表〉，願如武侯，蓋有深意也。而飛忠義之氣，其志即效「鞠躬盡瘁，死而後已」之武侯精神。杜甫弔亮詩曰：「出師未捷身先死，長使英雄淚滿襟」，此移之於弔岳武穆，亦甚洽切。岳飛死後，遺風壯烈，其故鄉河南湯陰有岳廟，廟前扁額題「凜凜生氣，悠悠蒼天！」此八字含蓋岳飛一生，似乎一切盡在不言中。

■■ 忠義千古的文天祥

「天地閉，賢人隱」，五代是中國歷史上最紛亂的朝代。時適逢大一統王朝唐代剛解體，藩鎮割據篡位，王綱解紐，君無道於上，臣無德於下，君臣之禮蕩然無存。故馮道歷四朝宰輔猶不知恥，尚以「長樂老」自詡。至宋立國，為矯五季之陋，太祖首重氣節，提倡忠義，於是「中外搢紳，咸以名節為高，廉恥相尚，盡去五季之陋矣。」清末張亮采云：「以宋代仁人義士之接踵，徒隨劫運以俱盡，卒無補於國之危亡，讀史者未免有餘憾。然試一思其身當國變，茹辛忍苦，百折不回。又不覺肝膽照人，生氣凜凜，如演一場英雄之話劇」。

其實宋人忠義之氣，不必為太祖之所倡導，反而與宋代特注重文治天下甚有關係。仁宗時，范仲淹之身體力行，學風丕變，影響更大。故朱子有：「宋朝忠義卻是自范文正作成起來也」之語，且稱范仲淹為「天地間氣節第一流人物」。其後，陳止齋也說：「宋興士大夫之學無慮三變，起建隆至天聖、明道，一洗五季之陋，而守故蹈常之習未化，范文正公始與其徒抗之以名節，天下靡然從之，人人恥無以自見也。」

宋代忠義精神，體現在文天祥身上最為彰顯，天祥臨死之〈衣帶贊〉說得好：「孔曰成仁，孟曰取義；惟其義盡，所

以仁至。讀聖賢書，所學何事？而今而後，庶幾無愧。」天祥
這段話，說穿了即在一「義」字，義盡才仁至的。而仁義之由
來，則因為讀了聖賢之書而有所得。唐代韓愈言：「博愛之謂
仁，行而宜之之謂義；由是而之焉之謂道，足乎己無待於外之
謂德。」將仁義道德解說為一事。但韓愈此段話之根要仍在一
「仁」字，先有了仁，把仁付諸實踐而合適的話才是義，仁藏
於內，義現於外，兩相符合即為道德了。

　　不過就天祥對義之認識，其實他以為義即為人生的一種
責任感，一個人只要把所負的責任盡到了便是仁。所以不論如
何，一個人總要做人的事，盡到人事，也就盡到義了。此義亦
即「義氣」，乃范仲淹「以天下為己任」的正義之氣。人一旦
有此義氣，當然就是仁者，能夠這樣，即可「仰不愧於天，俯
不怍於地」，無愧於做一個人。天祥的忠義之氣，乃致於以死
殉之，此即意謂他真正成仁了。

　　要徹底理解天祥的正氣浩然，必得了解其〈衣帶贊〉為他
為自己一生所做的結論。他的正氣就是正義，而身為臣子的將
正義發揮到極限就是以死報國，為蒼生社稷盡忠，為國家民族
盡大義。正是范仲淹「以天下為己任」及「先天下之憂而憂，
後天下之樂而樂」的具體表現。職係之故，可以說文天祥是范
仲淹思想精神最偉大的實踐者，宋代的忠義之氣始於范仲淹，
終於文天祥。

　　天祥一生留下一部《文山集》，列入清代的《四庫全書》

中。另外元代劉岳申也作過一篇〈文丞相傳〉；明朝胡廣亦撰寫過〈丞相傳〉，而《宋史》更有天祥本傳，然都不夠完全，頗多缺漏，不足以傳達天祥真正的精神。天祥一生忠義照耀古今，而著作亦極雄瞻，其廷試對策及上理宗諸書，持論愷切，肝膽鐵石，一猶其人。

明長谷真逸《農田餘話》一書說：「宋南渡後，文體破碎，詩體卑弱，惟范石湖、陸放翁為平正。至晦庵諸子，始欲一變時習，模仿古作，故有神頭鬼面之論。時人漸染既久，莫之或改。及文天祥留意杜詩，所作頓去當時之凡陋，觀指南前後《錄》可見。不獨忠義貫於一時，亦斯文間氣之發見也。」這段述評，基本揭示了天祥在中國文學史上的地位。

天祥詩如「萬里風霜鬢已絲，飄零回首壯心悲」、「老去秋風吹我惡，夢回寒月照人孤」、「千年成敗俱塵土，消得人間說丈夫」、「厥角稽首併二州，正氣掃地山河羞」、「幾多江左腰金客，便把君王作路人」、「不是謀歸全趙璧，東南那個是男兒」、「江山不改人心在，宇宙方來萬世休」、「國破家亡雙淚眼，天荒地老一身輕」。無字非血，無句非淚，悲壯痛切入肺腑，令人不能卒讀。

天祥有詞〈南康軍和東坡醉江月〉云：「廬山依舊，淒涼處、無限江南風物。空翠晴嵐浮汗漫，還障天東半壁。雁過孤峰，猿歸老嶂，風急波翻雪。乾坤未歇，地靈尚有人傑。堪嗟飄泊孤舟，河傾斗落，客夢催明發。南浦閒雲連草樹，回首旌

旗明滅。三十年來，十年一過，空有星星髮！夜深愁聽，胡笳
吹徹寒月。」憂國之言，亡國之恨，一齊迸發，淚眼婆娑，不
知此是人間何等文字！

　　天祥處宋季末世，報國心切，力挽狂瀾，心苦志壯，世無
人與之比。宋末忠義之士其實很多，如張世傑、陸秀夫、李庭
芝、姜才、李芾、陳文龍、單公選、趙與擇、馬墍、趙淮、王
安節、阮正己、江萬里等人，皆為正氣而犧牲，其他尚有未舉
之忠義之士，相信亦大有人在。但上述諸人，絕未有如天祥之
慘淡經營，卒死於其志，不可謂非天地間精誠所凝化。「浩氣
長留天地間，英雄慷慨死非難。可憐史氏千秋筆，點點斑斑帶
血圈。」余為此詩評價天祥忠義之一生，相信是頗為恰切的。

■■ 《西方之沒落》
——史賓格勒歷史理念之探討

1918年夏天，亦即是第一次世界大戰，德意志帝國戰敗前的幾個月，德奧兩國的書店上同時出現了一本大部頭的著作，它的作者是彼時仍寂寂無聞的奧斯瓦‧史賓格勒（Osward, Spengler），而書名卻極富挑戰性——《西方之沒落》。這個引人注目的書名，不久就吸引了大眾的眼光，學者專家更是喋喋不休的展開探討與批判，讚揚者有之，嘲弄者亦有，蔚為一股「史氏」風潮。

然而儘管如此，此書之爭論迄於現在，仍舊為人所樂道而持續不輟。職是之故，更可證明，史氏——《西方之沒落》一書之不朽性與永恆性。它將和黑格爾、康德的作品一樣，在世界學術思想史上大放異彩。但在頌揚之餘，我們仍不得不承認，史氏此書仍有些交待不清和極待釐清的觀念，而這些觀念又是極其重要且影響深遠的。因此在前人已做的工作下，筆者不自量力，仍想補充些看法，也許這些不成熟的見解，對瞭解史氏的歷史理念，尚有些許裨益。

當烽火漫天的歐戰，在人類的驚慌中結束時，西方文明能否經得起歷史的考驗，也正在西方人的思維中激盪著。正當西

方人陷於這心有餘悸的愁雲慘霧中，1918年史賓格勒《西方之沒落》的付梓，無疑是給西方人和西方文化做最深切的反省與啟發。在整個人類文明發展中，西方的歷史命運似乎找到了定位──浮士德文明正趨於沒落之中。而大戰的慘劇，以及其他各種文明的現象，均因此一觀點而有了新的意義與詮釋，其為文猛而有力，為聲哀以思，故能給予彼時正誇稱科技萬能的西方人以當頭棒喝，實足令人深省。

《西方之沒落》，是史氏曠世不朽的巨著，其思路深曲，條理細密，特識深邃，堪稱氣勢雄偉，規模浩大。綜觀其文，史氏對人類文明的歷史發展，確實提出一套與眾不同的看法，足以啟發一視界。他將歷史的進程比作生物界生、長、衰、死的過程，並對一種文明的現象採取「觀相式」直覺的把握；甚至指出某些基本象徵來涵蓋文明的全貌，而此種對文化的解釋，他逕稱為「文化的形態學」。

換言之，史氏說：「一個人、一隻蝴蝶、或一棵橡樹，其所謂生命持續期，實包蘊了一種特定的『時間價值』（time-value），而與個別情形中的偶發事件無關。故而，每一個文化，每一個春天，每一項突起與衰落，各有其固定的樣態（phases）這些樣態不斷反覆呈現，以強調其象徵（symbol）。」準此而言，每一項有意義的事物，都基於其內在的必然性，而扼要表述了其所隸屬那個文化的樣態。這當中所謂的「時間價值」（time-value），實際上就是史氏文化周期的創見。

　　史氏認為每一個文化，都要經過如同個人那樣的生命階段，每一個文化，各有它的孩提、青年、成年與老年時期。以西方為例，早期的西方文化，是如同一個年輕而戰慄的靈魂，滿負著疑懼之情，呈現著是羅馬式與哥德式的浮士德風景，春風吹拂年輕而戰慄的文化靈魂。但當一個神話中童稚的世界意識，自己慢慢成熟時，它所尋求的純粹的、明白的表達方式，如同夏日艷麗炎熱的太陽。而文化愈接近於其生命中的顛峯時期，它為自己所求得的形式語言，就會愈剛毅、嚴苛、有控制力、有強度、它對自己的力量，愈感覺到確信不移，它的輪廓特徵，也愈見清晰明朗，如秋日成熟的花菓般，已至圓熟豐潤無以復加的地步。

　　可是在文化行將完成之時，我們發現，從其安適而自信的狀態中，所顯露出來的每一項個別的表徵，都謹慎、嚴格、有節度，而且極為美妙，這個時期，便徹尾進入於一種燦爛的成熟狀態。稍後，便到了一種文化上的溫柔期，但也是脆弱時期，有如冬雪來臨前的狂暴階段，已經接近於崩潰點了。最後，灰暗的文明早期，靈魂之火熄滅了，萎縮的文化力量，只能再激起一次半成功的創造力，這便產生了古典主義，這是所有垂死的文化所共有的現象。靈魂再後來的思考，便是在浪漫的主義中，憂鬱地眷戀著它的童年，於是，正如帝國時代的羅馬那般，它盼望能脫離那漫長的白晝，而沉墜到原始的神秘主義中去，回到母胎裏去，回到墳墓去。

　　由以上這一段史氏對西方文化鳥瞰的圖卷，我們可以知
悉，在史氏對西方文化作直覺靈光一閃所得，他對西方文明的
命運，是採取一種沉鬱陰暗的看法。其中心論點就是，論述上
古時代的末期與我們這個時代之間有平行的發展現象，他附會
羅馬帝國崩潰的徵兆，和目前的西方文明有不約而同的傾向。
最後，他很悲觀的說，每一個活生生的文化，最後都會達到其
內在與外在的完成狀態，達到其終結，這便是所有的所謂歷史
的沒落（decline）的意義。

　　史賓格勒稱其所用的方法為形態學的（morphological），
亦即將生物學家對生物形態的概念應用到歷史學上。就此觀
點，每種文化均為有機體，猶如其他生物具有一般生、長、
老、衰等規律性和可預測性的過程。或者更富想像力地說：它
會經春、夏、秋、冬的變化，如生物學上的隱喻，為他提供一
套賦予其他事物以統一性和連貫性的理念和框架。

　　現在我們再試圖分析史氏在西方文化上所用四季的徵候，
其所顯現的景象為何？春的生命為：一個大風格的神話之誕
生，一個新的神喻的表現，宇宙敬畏，人世無情。以西方文化
而論，這個春的生命起點為耶穌紀元九百年間，其標幟為日爾
曼人之天主教信仰，經過了三百年之神秘主義，直至煩瑣哲學
突起，而西方文化之春乃達到草長鶯飛之候。

　　夏之徵候為：宗教改革，對於春的時代所完成的大形式
為普遍的精神反抗。其開始表現於馬丁路德、若翰加爾文等的

宗教的成熟意識，此為夏的第一階段；第二階段為對人世熱望哲學形勢的開始，理想主義與實存主義的對立，其代表為加里來、培根、笛卡爾、萊布尼茲；第三階段為：以宇宙形式為底稿之新的數學概念的形成，如笛卡爾之函數解析，牛頓的數理見地；第四階段為：清教徒運動，宗教的理性化的神秘趨於貧弱，下舉英國的清教運動，法國的景教運動。以上四段，是為夏之徵候的表現。

秋的總徵候為：城市智慧，精確的智慧創造力的高峰；啟蒙運動之理性萬能，自然的崇拜。下舉英國的洛克，法國的福爾泰與盧梭及百科全書派。數理思維的高潮：以數字解說宇宙形式，下舉埃羅爾、拉克郎日、拉卜勒斯為代表，哲學大系統的完成，歌德、謝林、康德、黑格爾、菲希特。

冬之徵候為：大都市文明的突起，精神創造之消滅，生命本身變成了問題，倫理失掉了宗教性，無玄想之大同主義。分別觀之，則唯物的宇宙觀，科學的崇拜，實用與繁榮為主，以邊沁、孔德、達爾文、斯賓塞、馬克斯、費爾巴哈為代表。生活上的社會道德理想，反數學的哲學，懷疑思想，以叔本華、尼采、海北爾，社會主義，華格勒爾、易卜生、無政府主義為代表；在以哲學為學校課程的職業化中抽象思想之貶落，以綱要寫法來談思想，以康德學派、論理學派、心理學派為代表。一個最後的世界情緒的傳播，以自1900以來的社會主義道德觀為代表。

依上面所言，我們先不要懷疑史氏所述的是否合理，而是我們能否瞭解史氏在這些基本情態中所蘊涵的思想為何？若吾人能恰切對他的定義與予理解，則將有助於吾人對整個歷史文化的掌握，和對史氏這一連串的假設取向，有個普遍象徵的歷史意象。

約而言之，史賓格勒對900年至1800年的解說，不出傳統歷史之論。他所謂的浮士德精神的春天，類同通常所謂的中世紀盛期，而夏、秋兩季則近於一般所謂的專制極權和巴洛克的時代。而冬季則是文明的開端，此時也是文化日趨式微之刻了。

職是之故，我們可以說，史氏的春夏秋冬之文化徵候，是以唯神的精神始，以無神的思想終，其間理智愈進展，則精神愈退化，直至智慧一達高峰，即文化的始衰之秋到了，而當文化靈魂之火漸將衰滅，它便立刻到了最後階段——也就是所謂文明階段。

每個文化皆難逃其文明階段，文明乃文化不可避免的命運；文明乃文化之最後、最外向的與最人工的狀態。所以他得到一個結論：「這是一個不可挽回的末運，但這是從『內在的必然』自行一次又一次的達到這一末路……譬之原始森林，古木參天，枝幹早枯，雖歷十年不倒，然而此樹婆娑，生意盡矣！如中國、印度、回教世界，眼前皆然。」

史氏論及此，吾人似乎不禁覺得史氏已陷入歷史命定論的神秘主義之感，雖說史氏的歷史觀是循環式的，但無庸置疑

的，史氏自己卻早已走入宿命循環的悲觀歷史意識中。直至今日，吾人對史氏歷史理念的反省，必須要有一番新的評價不可。嚴格說來，史氏以生物學之說來解釋歷史文化，實有左支右絀，不夠周延之感。因為歷史思考需要彈性，而生物學的譬喻難免囿於命定之說，至於「主要象徵」的觀念也有同樣缺陷，以直觀把握的象徵作為主要前題甚為不妥，其理論根基也不夠堅實。

事實上，史賓格勒所謂的主要象徵，只不過是對一個文化性質含糊的感受而已，充其量最多也僅是一種在武斷之餘的欣賞與臆測罷了。因此隨便妄稱史賓格勒的歷史架構是形態學的方法和主要象徵的要素之論，實有商榷的餘地。

筆者個人以為史賓格勒的《西方之沒落》最大貢獻，乃在於其文學意境和預測未來兩者之間。史賓格勒此書之所以能成為本世紀的巨著之一，在於它可以當作一個時代性的朕兆、綜合與表號，時間已經證明它的地位確立不移。數千年來的世變滄桑，其中有許多率皆吾人親身驗證，而我們將《西方之沒落》一書完類至盡，視它實為一種心靈狀態的具體表現──一個古老的社會豫嘗其末日的心境。

而這種心境有時固然會因一時希望而有短暫的興奮，但是它已經變成社會觀察和一般大眾所共有的特別心態。《西方之沒落》比任何一部書更詳盡更賅備地道出現代人的抑悒，而這正是許多人所感受，極少數人能明說的經驗。史賓格勒的巨著

已成為一部最高的撮要，道盡了20世紀西方人對自己的歷史前途所感到的悲觀，伴隨著史賓格勒的預言，處在這世紀末班列車的我們，能不徹骨的反省人類文明的命運嗎？

■■ 簡述澎湖媽宮城建城始末

澎湖首府為馬公，馬公昔時稱為媽宮城，媽宮之名，源自於媽宮灣（今馬公灣）上的天后宮（即媽祖宮）而得名。至於澎湖媽祖宮興建於何時？最晚於明神宗萬曆32年（1604）即已存在，因為天啟年間福建巡撫南居益在條陳澎湖善後事宜時，即提出要在澎湖築銃城戍防之議。天啟5年（1625），媽宮城初建，其位置在媽宮東北之西街，中隔案山，與風櫃尾的紅毛城遙相對峙。其城四周面積各30丈，高1丈5尺，厚7尺半。

媽宮城之建，實由天然良港媽宮澳而來，而媽宮澳之所以形成，又拜馬公灣之賜。馬公灣位於澎湖灣的東南側，係由馬公半島與風櫃尾半島所合抱而成的小海灣，地形險要，是澎湖唯一南北風皆可停泊的港口。明末，由於媽宮城的重要性日增，戍兵防守之人數已超過居民的人數。康熙22年（1683）施琅攻打澎湖，明鄭將領劉國軒為加強守備，更在媽宮及西嶼等處添築礮城，並在沿海可以登陸之處，盡行築短牆、置腰銃，環繞二十餘里，分遣軍隊死守。

鄭氏覆亡後，康熙23年（1684）4月14日，清廷正式將台澎納入版圖，置台灣府。於澎湖，文設巡檢駐文澳；武設副將，領水師二營駐媽宮。文武雖不同城，但媽宮地位的重要性卻與

日俱增。如《澎湖志略》中的里程，全以媽宮為計算之起點。廳倉設在媽宮，並在媽宮置重兵，約佔全澎湖兵力的三成左右。乾隆23年（1758）以前，幾乎所有赴台班兵都必須在媽宮點驗。

媽宮城的發展到乾隆初期，仍偏向西南，約在南甲一帶。在澎湖輿圖中，已可看到當時除西城、教場、協鎮衙門、媽祖宮、左營右營營舍、上帝廟、水仙宮外，在媽祖宮前尚有一個市仔，這是史料中最早見到的媽宮商業區。乾隆中葉後，又增加了觀音亭、關帝廟、武倉、五里亭、書院等地點出現，當時號稱為「七街一市」。

媽宮市街之所以逐步繁榮，實有賴於駐軍及往來閩台之班兵寄渡；或往來商船之避風。這些人在媽宮的居留，連帶地產生了消費性市場機能，久而久之，除了供媽宮本地居民外，在媽宮附近的鄉里，亦以媽宮為主要的交易場所。這時媽宮人口，當地居民約五百人，而戍兵亦五百餘人，合計大概有千人以上，此乃乾隆年間媽宮之景況。

道光年間，媽宮地區，不論在經濟上或社會上的發展均有其特色。首先是由於清朝班兵長期占據媽宮街上的精華地區，對媽宮市區的繁榮起了遲滯的作用。台灣道徐宗幹稱：「澎湖班兵最為驕橫」，即為班兵囂張之明證。其次「台廈郊」的興起也有關係，「郊」，簡言之，即為商業同業公會，對一地貿易的興衰有決定性的影響。

　　澎湖媽宮的「台廈郊」起於何時？目前並不清楚，但從胡建偉的《澎湖紀略》一書所載：媽宮街上已有四、五十家舖戶來看，似乎已有郊的組織。而蔣鏞著《澎湖續編》中亦有相關之記載，如「郊舖金長順」、「澎湖舖戶」等。不過「台廈郊」的出現，則始於林豪的《澎湖廳志》，該志卷九〈風俗〉載云：「媽宮郊戶自置商船或與台廈人連財合置者，往來必寄泊數日，起載添載而後行，或非澎郊之路；則揚帆經過，謂之透洋」。

　　由上可見「台廈郊」所組成的郊戶，不僅包括澎湖本地商人，還含蓋本地商人與台廈兩地人合資者。販賣者都係澎湖本地不生產的稱街內，屬澎湖本地的產品，則不在運銷的範圍內。所謂「街中商賈，整船販運者，謂之台廈郊，設有公所，逐年爐主輪值，以支應公事。遇有帳條爭論，必齊赴公所，請值年爐主及郊中之老成曉事者，評斷曲直，亦省事之大端也，然郊商仍開舖面，所賣貨物，自五穀、布帛以至油酒、香燭、乾果、紙筆之類及家常應用器，無物不有，稱為街內。其他魚肉、生菜以及熟藥、糕餅，雖有店面，統謂之街外，以其不在台廈郊之數也。」（《澎湖廳志》，卷九〈風俗〉）

　　「台廈郊」在澎湖，尤以媽宮境內，勢力極大，它不僅擔任社會仲裁者的角色，也還設有失水難民棲身之所，捐修墓塚；甚至也可舉辦團練，更可控制媽宮（甚至澎湖）的物價，影響民生至鉅。

　　此外「甲」的形成，對媽宮城的影響也很大。一般澎湖的澳社組織，依保甲制，以十戶為一甲，數甲則形成一澳，有澳甲等地方自治領袖的產生。乾隆年間通判胡建偉曾將十三澳居民編列保甲，給予門牌，親行查點。不過媽宮市區所謂的東甲、南甲、北甲和上述之「甲」涵義不同。清代的南甲，即靠海的街市，可謂之為商業區；東甲在南甲右邊，北甲則在原副將署（協鎮署）和總鎮署之間。

　　至於三甲係同時成立？還是沿開發順序，先有南甲，再有東甲、北甲，因無史料佐證，無從細究。但不論如何，媽宮的三甲各有其祭祀圈，也各有其角頭廟，具有強烈的社會意義。

　　由上所述，可以瞭解媽宮地區，不論在軍事上、商業上均執澎湖之牛耳，在社會中也已發展出強固的組織。故在光緒10年（1884）的中法戰後，基於軍事上的需要，清廷遂決定於光緒13年（1887），重新建築媽宮城，而奠定了今日媽宮城之初基。

動盪時代下的堅持
──記《新路》周刊

　　民國37年3月1日，正當國、共內戰方酣之際，一群以清華大學教授為班底的華北學術界領袖，在古都北平成立了一個團體，名為「中國社會經濟研究會」。據蔣碩傑言，那是一個超然獨立的團體，該會頗類似英國「費邊社」的組織，會員最多時有五十餘人，絕大部分是學界中人，也有少數資本家，以個人名義加入。「中國社會經濟研究會」於成立大會上，曾選出理事十一人，分別是王崇植、吳景超、周炳琳、孫越崎、陶孟和、樓邦彥、劉大中、潘光旦、錢昌照、錢端升和蕭乾；監事則有三人，係邵力子、吳蘊初和童冠賢，而機關刊物即為《新路》周刊。

　　「中國社會經濟研究會」成立之目的，是企圖對統一後的建國工作有所準備，抱著一腔愛國赤誠，期待著建立一個富裕強大的祖國，不再遭受內部的紛擾與強鄰的侵略。為此目標，「中國社會經濟研究會」在3月2日的會員大會中，對於中國的政治、外交、經濟、社會各問題，曾提出三十二條主張，分成四項，主要觀點如下：

一、在政治方面：我們主張是政治制度化，制度民主化，民主社會化。法治必須代替人治，因制擇人，而不因人設制，

執法與制法並重，憲政尤重於憲法。軍隊屬於國家，軍人不得干涉政治。民主制度必基於政黨組織之運用，國內應有並立的政黨，互相批評與監督，並各致力於爭取民意的支持。政黨不得假借任何口實，施用暴力壓迫異己，民意的最後表現為選舉，政權的轉移，應視選舉的結果而定。民主政治，不應只重形式，並應注重行政對於大眾所發生的實惠。我們所要的民主政治，應保障人民基本自由與權利，務使免於恐懼，免於匱乏，免於壓迫，免於剝削。

二、在外交方面：我們主張要積極進行睦鄰政策，建樹獨立的外交。反對種族歧視，支援弱小民族，尊重其獨立意識，反對以戰爭為國家政策的工具。國際糾紛，應依據正義及國際法之原則，以和平方式解決。同時擁護健全的國際組織，使其成為真正解決國際衝突的機構。

三、在經濟方面：我們主張國家應籌劃妥善方法，負責發展國家資源，實現全民就業，促成公平分配，提高生活水準。國家應運用各種合理的政策，積極促進我國經濟的現代化與工業化。全國土地，以全部收歸國有為最終目標。第一步應即規定私人農地的最高限度，超過此限度者，應立即收歸國有。對於原來地主，給以長期債券，以為補償，收歸國有的農地，或租與自耕農，或集體經營，視情形而定。市地應立即收歸國有，並酌予補償。凡獨佔性及關鍵性之工礦交通事業，原則上應由國家經營。金融事業，應由國家經營。第一

步應將國家銀行之私人股本立即收回，並簡化及統一其機構。國家賦稅政策，應以平均私人財富，創造國家資本，促進資源開發，維持經濟繁榮，及達成社會安全為目標。

四、在社會及其他方面：我們主張要充實教育經費，擴大教育機會，並限期完成普遍的國民義務教育。此外，強調教育應著重個性的自由發展，健全人格培植；反對男女歧視，在法律前受教機會平等。在勞工方面，國家應制定勞工福利法，參照我國經濟情形，規定最低工資，最高工時，並對勞工工作環境安全予以保障。在社會福利方面，推行各種社會安全制度，使人民在疾病、失業、老年、殘廢等狀況下，不受貧困之威脅。更先進的是，該團體尚主張推行義務醫藥制度，使人民在保健的機會上漸趨平等。尤其甚者為國家應負責傳播節育知識，在不使品質下降的條件下，減少生育，以緩和中國的人口壓力。

有關《新路》周刊創辦經緯，錢昌照似乎是主要的催生者。據錢昌照晚年回憶說：「有一次我到北平，在清華大學住了兩天，一天在吳景超家，一天在劉大中家。朋友們聚在一起，談到想辦一個雜誌，批評時政，對國民黨和共產黨都批評。雜誌的名字，就叫『新路』，是我提的。我們還決定在北平找所較大的房子，買些參考書籍，在北平的朋友可以在那裡討論問題；從南方來的朋友可以住在那裡。後來我們看中了一所房子，就在東直門大街。」

　　錢氏回憶所言不虛，當年也是《新路》周刊台柱的劉大中去世後，同為《新路》作者群之一的蔣碩傑，在追悼文中亦提及「那時北大和清華有一個聯合研討會，每月舉行一次討論學術或經濟現狀及政策等問題，因此時常聽到他的讜論。我們又同時為『經濟評論』撰寫文章，交換意見的機會很多。不久錢乙藜（昌照）先生（時任資源委員會副主任委員）揚言願出資辦一獨立性的雜誌。他和大中在美就相識，又知道他現在在經濟學界的名望，所以就央請大中作主編。乙藜先生早年一從英國留學歸來，即擔任政府要職，不久就膺任資源委員會這麼重要機構的副首長。但是勝利之後不知何故變得很消極，竟想要以社會賢達自居，所以來北平聯絡學術界人士，成立一個超然獨立的團體。這雜誌命名為『新路』，以示在『國』『共』之外，開闢一條新出路的意思。」

　　蔣碩傑說，「這雜誌的經費究竟是他私人荷包所出，還是資源委員會的公款，我到現在還不大明白。不過大中主編這雜誌，完全是以公正的學術態度來評論時事，並以提出建設性的方案為目標，決未刊出一篇惡意的漫罵，或煽動性的鼓吹。這雜誌成為北平教授們討論經濟問題的論壇，大中和我都是它的基本投稿者，過從也因此日密。這一段在北平教書和辦雜誌的時期，是大中兄自認為一生中最痛快的時期。」

　　所以說，《新路》之創刊，完全是錢昌照一人募款籌劃，應該是不錯的。胡適的日記，也為我們證明了這點。民國37年

1月24日，胡適在日記中寫到：「吳景超來談，他說，錢昌照拿出錢來，請他們辦一個刊物。要吳半農主編，景超任社會，劉大中任經濟，錢端升任政治，蕭乾任文藝。」

此日記中提到的蕭乾任文藝一事，最後事情起了變化，據蕭乾在自己回憶錄《未帶地圖的旅人》書中談到：「朋友姚念慶告訴我，北平幾家大學的教授們計劃出一份刊物，內定由清華大學教授吳景超主編，錢端升主持政治欄、劉大中主持經濟欄。那裏正在物色一個編國際問題及文藝的。他認為我最合適不過了。我思忖，不妨走上一年半載再回滬。於是，就同意了，刊物後來定名《新路》。但是沒等刊物面世，我由於受到復旦同學及楊剛的勸告，就堅決辭了。事實是：一、刊物封面上寫明係吳景超主編。二、我最後並沒有去北平，仍留在上海《大公報》，也依然兼著復旦教職，這是當時有目共睹的。」

另大陸研究中國自由主義知識群的廈門大學教授謝泳，在〈社會學家吳景超的學術道路〉一文中也提到，「中國社會經濟研究會」和辦《新路》的錢，應該是錢昌照去籌募的。基本上，錢氏任職的資源委員會出了些錢，宋子文也出資若干，但宋氏可能不知道辦刊物之事。唯謝氏所言宋子文也出錢，不知何所本？但錢昌照應該是大家一致承認的。

基本上，作為「中國社會經濟研究會」之機關刊物，《新路》在〈發刊詞〉中，即嚴正表明其言論立場為：「我們這個刊物，是中國社會經濟研究會主辦的。中國社會經濟研究會，

是本年（按：即民國37年）3月1日正式成立的，在3月2日的會員大會中，對於中國的政治、外交、經濟、社會各問題，曾通過主張三十二條。這三十二條主張，表示我們一批朋友對於幾個重要問題的基本看法。我們所以作這種主張的理論根據，以及實現這些主張的辦法，乃是本刊以後所要討論的。」但是，「新路周刊社」也特別強調，「中國社會經濟研究會」並非政黨組織，三十二條主張也不是黨綱，而是在一個憲政社會裡，知識份子關心國是，提出主張建言，是件極普通正常之事。

「新路周刊社」進而說明，他們確實是無黨無派，也不附屬任何政黨，但那一個政黨，採納了他們的意見，他們就表同情於那一個政黨，這也是在憲政之下，一般公民對於政黨所應採取的態度。身為國家的一個公民，對於每一問題，公開提出自己的看法，不但是盡公民的義務；也是做公民的權利。該社聲明，在我國將來真正行憲之際，任何人的選票，會投給那一黨候選人，端視那一黨採納他們的看法。所以一個團體，把自己的主張說出來，同時又說明自己不是政黨，也是再自然不過的事。

其次，關於所提的三十二條主張，《新路》強調，乃是我們以後討論中國各種問題的出發點，並非大家意見的最後總結。之所以先提出主張，是讓以後討論有所附麗，不致空談無補，漫無邊際。尤其社會變動極快，所以提出之主張和辦法，也要與時適應，不能固執不變。我們對於目前的重要問題，一

定要虛心研究，從事實中求結論；而且還要不斷的從新的事實中，來試驗我們所作結論的正確性。

為怕遭到外界誤解，《新路》重申，他們並非頑固衛道之士，也不會擺出包辦真理的姿態，凡是他們所提之理論與事實，倘別人能以相反之理論與事實批駁之，他們都願意誠懇虛心與之相商。總之，提高討論水準，以理論應付理論，以事實反駁事實，以科學方法，攻擊盲從偏見，這是本刊創刊之所願。畢竟，思維矛盾的揭露，以及對立意見的衝突，是發現社會真理的最佳方法。但假如以謾罵來對付我們，則不與計較，隨之起舞。若更進一步以武力相要脅壓迫，要我們改變主張，我們這班剛毅之士，是不會輕易就範的。

最後，該刊說到，在萬方多難的今日，我們深感「天下興亡，匹夫有責」，所以才發行本刊。想以大家的智慧，來探索中國的前途。探索的方法、角度，個人容有不同意見；但動機，大家則一致。即對於國家社會的各種事實與問題，想瞭解得更清楚。我們的態度也是一樣，就是，刊物儘管由團體辦理，但文責自付。我們相信只有如此，才能腳踏實地，不草率將事。我們希望國人，也以同樣動機與態度，給我們道義上、精神上的支持協助，使我們的工作，可以發揮最大的效用。感時憂國、理性務實、言之有物的發刊旨趣，於此清楚的向讀者說明出來。

《新路》周刊的內容，非常豐富多元，其中以「短評」和「專論」二欄，是最精彩的部分，抨擊力道也是最犀利的。「短

評」中的幾篇文章如〈從新閣難產說起〉（1卷5期）、〈民青兩黨可以休矣〉（1卷5期）、〈司徒大使的聲明〉（1卷6期）、〈中美友誼的考驗〉（1卷6期）、〈新閣的施政方針〉（1卷7期）、〈和平不限於對外〉（1卷8期）、〈絕望中的殘忍〉（1卷9期）、〈誰是物價漲風的罪魁禍首〉（1卷9期）、〈職業學生的尊號不要輕易授人〉（1卷10期）、〈文過飾非，殘民以逞，莫此為甚〉（2卷2期）、〈乾脆重彈舊調，取消偽裝的憲政吧！〉（2卷2期）、〈立法委員的隨聲附和〉（2卷3期）、〈到了乞求的地步，就可不拘泥形式了！〉（2卷3期）、〈救不救「一不能控制其自己人民信仰與效忠的政權」？〉（2卷4期）、〈總統夫人也說話了〉（2卷4期）、〈從英美撤僑說起〉（2卷4期）、〈經濟危機已不是經濟措施所能解除的了！〉（2卷5期）等文。對彼時執政的國府當局，在政治、外交、教育、社會、國共關係等方方面面，都提出非常嚴厲的批判。

「專論」中的文章，最大特色為作者群。基本上，相當多是當時華北的學術界領袖，其中尤以清華大學的教授為主。他們的文章是專業與批評兼具，除切中時弊外，也提出建言或解決之方。如樓邦彥，〈當前中國的行憲問題〉（1卷1期）、劉大中，〈準備金多了有什麼用〉（1卷1期）、谷春帆，〈如何研究中國經濟問題〉（1卷1期）、蔣碩傑，〈經濟制度之選擇〉（1卷3期）、葉景莘，〈如何肅清貪污〉（1卷5期）、胡慶鈞，〈皇權，紳權，民權〉（1卷7期）、龔祥瑞，〈政府制

度化與政治統一的基礎〉（1卷8期）、滕茂桐，〈公款，國家銀行，與物價漲風〉（1卷9期）、喻淦邨，〈我國銀行的罪惡〉（1卷9期）、趙守愚，〈舊話重提財產稅〉（1卷10期）、周炳琳，〈施與受施——論美援協定〉（1卷10期）、馬逢華，〈社會主義下的生產效率〉（1卷11期）、龔祥瑞，〈政治責任與蔣總統的錯覺〉（2卷1期）、粟寄滄，〈從法幣的崩潰看金圓券的前途〉（2卷1期）、吳景超，〈資本形成的途徑〉（2卷2期）、楊人楩，〈教育的濫用〉（2卷3期）、樓邦彥，〈華萊士悲劇的時代意義〉（2卷3期）、龔祥瑞，〈政治責任與責任政治〉（2卷4期）、樓邦彥，〈這究竟是什麼政府？〉（2卷5期）等。對當時政府諸多沉疴，如政治、經濟等議題，提出專業探討與撻伐，頗具深度。

當然，綜觀整個《新路》周刊內容，最具份量和影響力的，仍屬「論壇」部份。《新路》當年設計幾個國人最迫切想要探討的專題，如〈論耕者有其田及有田之後〉（1卷2期）、〈論我國今後的人口政策〉（1卷5期）、〈中國工業化的資本問題〉（1卷7期）、〈論教育的更張〉（1卷10期）、〈政治民主與經濟民主〉（1卷13期）、〈論公務員的法律地位與政治權利〉（1卷17期）、〈論經濟自由〉（1卷21期）、〈新幣制的善後〉（1卷23期）、〈混合制度與計劃制度中間的選擇〉（2卷5期）等。這些專題參與討論的有吳景超、徐毓枏、戴世光、陳振漢、韓德章、陳達、趙守愚、吳澤霖、劉大中、丁忱、谷

春帆、汪馥蓀、蔣碩傑、潘光旦、朱光潛、邱椿、周先庚、樊際昌、蕭乾、翁獨健、芮沐、趙德潔等華北學術、教育界領袖。他們均是學有專精的一時之選，針對彼時諸多亟需興革改進問題，除有所指責外，也提供不少意見給當局作參考。

值得一提的是，該刊還設計不少新的體例，如「辯論」、「我們的意見」、「經濟學識淺談」「美國大選特輯」、「新金圓券特輯」、「蘇聯經濟特輯」等。「我們的意見」一欄，是由《新路》作者群，針對如〈還我言論自由〉、〈忠告美國政府〉、〈一個解決大學畢業生失業問題的具體建議〉、〈經濟行政應即公開〉、〈穩定新幣值的有效措施〉、〈制裁獨佔的立法〉等特殊或及時發生的事件，代表該刊立場發言外，其餘欄目均是對外公開，且以外稿居多。而外稿特點是，拋出議題與之論辯，故「辯論」欄每每是兩位作者並列而互相辯駁，《新路》則扮演提供雙方論辯溝通、交換意見看法的一個平台。

此外尚有「短評」、「文藝」、「通訊」、「書評」、「讀者來書」等欄，其中「文藝」欄頗具特色，也網羅不少名家撰稿，如蕭乾、楊振聲、沈從文、馮至、艾蕪、汪曾祺等。在朱自清逝世後，該欄曾闢追悼號以紀念之。在「通訊」欄部分，則類似新聞報導，將彼時在國、共內戰下，全國各地的苦況，詳實呈現國人面前。這些「通訊」對國、共雙方均有所指責，但對國府當局的批判尤烈。

基本上，四〇年代末部分自由主義知識份子，對中國政

治、社會經濟問題認識的言論，《新路》是頗具代表性的。可惜「中國社會經濟研究會」和它所屬的《新路》雜誌，在以往的研究中，幾乎完全闕如。然從學術的角度觀察，當時這些教授對中國社會、經濟問題的看法，其實是相當深刻的，若以學術角度來評價，吳景超等人他們當年的建議，對現代中國的發展仍有其參考啟示作用。

　　茲以《新路》最重要靈魂人物之一的吳景超為例，說明彼輩當年對中國政經問題的看法。至於何以要以吳氏為例，原因是，吳氏可說是《新路》作家群中最具代表性者。誠如謝泳所說的，《新路》周刊主要由吳景超負責，他在四〇年代末，對中國社會問題主要分析和批評，都集中在這本雜誌上。《新路》每期設一個專題討論，由一個人主講，然後大家發表不同意見，參加者以當時清華大學社會學系的教授為主，吳景超是一個主要參加者。《新路》周刊的作者群，最關心的是中國今後發展所應該走什麼樣的道路，應該避免什麼問題，為此他們奉獻了作為知識份子應有的感時憂國之使命感。

　　吳景超在《新路》周刊發表的文章，主要集中在經濟議題上，如針對當局那時提出的「耕者有其田」政策以解決土地分配問題。吳景超以為，「耕者有其田」若只是變動生產關係，而不變動生產力是不夠的，而如何變動農業中的生產力，「土地國有」與「農業機械化」是必要的步驟，重點是如何做到「農業機械化」後的收穫如何分配問題，這才是根本的改革。

吳景超此文是作為《新路》周刊專題討論的一篇主要發言刊出的，參與討論的有清華大學教授徐毓枬、戴世光、陳振漢、韓德章等人。他們基本上均贊同吳景超的論點，可見當時中國知識份子對中國的農村問題和土地制度，都有他們自己的認識與看法。

至於在對待地主階級方面，吳景超顯然不怎麼認同共產黨打倒土豪劣紳，清算鬥爭的主張。他以為「一個階級假如他在生產過程中，有其貢獻，那麼消滅他是不公平的。同時，我們還要看我們所採用的方法，是否合理。地主階級，雖然已失其功能，但他們乃是社會制度的產物，社會對於他們地位的形成，也要負一部分責任。因此，我們不可以為其人是地主，便要驅逐他，或者殺掉他。我們應當給他一個機會，使他可以從一個不生產者，變為一個生產者。」

此外，在有關「中國工業化的資本問題」上，《新路》也熱烈討論過，主講者也是吳景超，參與討論的清華教授有丁忱、谷春帆、汪馥蓀、劉大中、蔣碩傑。這批《新路》學者群，咸認為在工業化過程中，培植人才是重要的一環，因此而增加投資也是必要的，人才是無形的資本，此資本也須花有形的錢，才可培植出來。在用人方面，劉大中認為：「任何一個國有或私有企業，不得在任何一個企業內，享有絕對的獨占權。」吳景超也進一步說明，政府不得干涉各企業的用人權，即使所有的企業，都由國營，也是如此，我們不必仿傚蘇聯，那種大權獨攬

的辦法。他以為「用人權的分散而不集中,不但是經濟民主的主要條件,也是政治民主的重要條件」。這一點做到了,那麼某項企業,即使由國家單獨經營,對於人民就業的選擇,並無妨礙。

特別探討的是,在四〇年代末期,對知識份子來說,中國今後要走什麼樣的道路?是一重要抉擇。彼時有不少知識份子,對蘇聯的計劃經濟與社會公平有所期待與好感,但對蘇聯缺少個人自由的現實也不無疑慮。吳景超在〈論經濟自由〉文中就談過這個問題,他說經濟自由,美國優於蘇聯,這與私有或公有財產關係不大,而與計劃經濟關係卻很大。吳景超認為,社會主義與經濟自由並不衝突,在戰爭的特殊時候是可以犧牲經濟自由,但在太平時期,就不應當了。對於社會主義的看法,吳氏認為它是人類崇高的理想,但經濟自由也是人類輝煌的成績,如何兼而有之,才是個大問題。

基本上,他期望經濟自由與計劃經濟同時兼得,但他把經濟自由看得比計劃經濟重要。吳景超以蘇聯的生活程度為例,說到蘇聯豐富之資源及較公平的分配制度,蘇聯人民的生活程度應該較好才是,但過去蘇聯人民的生活程度之所以沒有預期的高,除了戰爭和備戰原因外,強迫儲蓄累積資本,發展重工業,沒有擴大消費市場亦是主因。換言之,即缺少經濟自由之故也。

是以吳景超言:「以後蘇聯人民如想提高生活程度,使社會主義真能對於人民的享受有所貢獻,則蘇聯的政府及人民,

必須努力與他國合作，創造一個和平的國際環境。」所以吳景超對蘇聯社會主義計劃經濟持保留態度的說：「現在推行社會主義的蘇聯，是採取計劃經濟的，但我們不能由此推論，將來所有實行社會主義的國家，也必須採取計劃經濟。」

在〈社會主義與計劃經濟是可以分開的〉一文中，吳景超強調，他一向的看法是，社會主義可以使我們經濟平等，而計劃經濟則剝奪消費者的自由。只有社會主義與價格機構一同運用，我們才可以自由與平等兼而有之。計劃經濟限制人民的自由，凡是實行計劃經濟的國家，不管他奉行什麼主義，都難免侵犯人民的自由，因此損傷了他的福利。實行計劃經濟的國家，必須要集中控制，必然把生產因素的支配權，控制在少數人之手。萬一少數人濫用其權威，逞其私慾來支配生產因素，則其對於民眾之禍害，真是不可勝言。人類不要輕易放棄自由，到今天為止，我們還沒有看到一個制度，其保護人民消費自由的能力，勝過價格機構。所以我不願意看到社會主義與計劃經濟聯姻，而願意他與價格機構百年偕老。

對於現代資本主義的發展，吳氏亟具世界眼光，他對於利用外資，讓外人在中國設廠都有非常清楚的看法，有些認識，遠比我們今天深刻。在〈論外人在華設廠〉文中提到：「在不平等條約取消之後，外人在華設廠，便是利多害少。我們決不可把外人在華設廠一事，與其他外人在中國享受的不平等特權，等量齊觀。」針對外人在華設廠，會衝擊到民族工業問

題，吳氏以為我們應當認清，現代中國所最需要的，是趕快工業化問題，要趕快的把新式生產事業，在中國境內樹立起來，至於在中國境內樹立的工廠，是中國籍還是外國籍，乃是不大重要的問題。此外，在縮短貧富差離方面，吳氏以為縮短貧富距離的主要辦法是，制定最低工資，發展社會福利，用所得稅和遺產稅的辦法。

總之，以吳景超為首的《新路》作者群，之所以對中國當時政經社會等面向，有如此深刻的瞭解與體悟，大陸學者謝泳以為，和其學術背景甚有關係。基本上，《新路》周刊是錢昌照一手成立的，而錢昌照又是資源委員會的副主委，是以《新路》和資源委員會也頗有淵源。故謝泳說到：研究中國現代知識份子，需要對當年資源委員會成員的思想和教育背景給予注意。資源委員會那些成員後來多數成了四〇年代著名的《新路》雜誌的參與者。因為這些人不同於一般的自由主義知識份子，他們多數人是經濟學家和工程師，是做實際工作的。他們的重要性，不體現在政治思想上，而體現在經濟思想上。

資源委員會的主要成員是以留英的學生為主的，他們多數出於倫敦政治經濟學院，很多人就是四〇年代對中國自由主義知識份子以重大影響的拉斯基的學生。他們經濟思想的一個主要特點，就是對於計劃經濟都有好感。在當年的自由主義知識份子當中，作為一個團體集中留下來的，就是資源委員會。他的主要成員的政治選擇，也許與他們對計劃經濟和對蘇聯經濟

的好感有關，這可能就是他們致命的弱點。謝氏看法，基本上是相當深入且正確的，筆者亦依此說。

《新路》周刊於民國37年5月15日創刊於北平，發行至是年12月18日停刊，共出刊2卷6期。該周刊是「中國社會經濟研究會」的機關刊物，作者群陣容堅強，網羅不少華北學術界領袖，如吳景超、潘光旦、劉大中、蔣碩傑、樓邦彥、邵循正、邢慕寰、周炳琳、蕭乾、汪曾祺、楊振聲等。刊物最大特色為，贊成和反對馬列主義的文章均可同時發表。換言之，即對國、共兩黨，均持批判立場，它一面罵蔣介石和國民黨，對共產黨及共產主義亦持懷疑態度。因標榜言論不偏不倚、中立客觀之旨趣，在國、共劍拔弩張，非紅即白的時代，其不受歡迎，遭左右兩方夾擊之情形自可預料。易言之，保守與激進兩方面都對它不滿，國民黨先是嚴重警告，橫施壓力，最後乾脆勒令其停刊。

關於此事，錢昌照曾回憶道：「我在辭職後出國前的一個階段裡，在北平創辦了一份走中間路線的刊物《新路》，由周炳琳、吳景超等執筆。因社論中多次抨擊蔣介石獨裁誤國，一度被社會局勒令停刊，復刊後的社論指責蔣介石更為嚴厲。後該刊終於在各方壓力下宣布停刊。辦了這個刊物，進步人士乃至共產黨人指責它阻撓革命，而國民黨方面認為是反『革命』言論。蔣介石得知是我辦的，更是怒不可遏。他對陳布雷說：『錢昌照是叛徒！』陳布雷找了我秘談，勸我早點出國。」

　　在共產黨這邊，對《新路》也是抱持否定態度的，據《錢昌照回憶錄》言：「1949年我來到北平，周恩來對我提起這件事。他說：那時《新路》這個刊物的論調沖淡了共產黨的宣傳，所以要組織力量去批判。如果是早三年辦這個刊物，應該算是進步的，到現在辦也還可以，就是那個時候辦不適宜。」此即所謂理想與現實的衝突，針對《新路》週刊在動盪時代的堅持，其直言敢言，不作左右祖的言論立場，不見容於國、共當局，其被迫停刊的下場是可想而知的。尤其它又是以華北高級知識份子為主體的刊物，在社會上的影響力自然不容小覷，故其批評言論也自為朝野雙方所重視。基本上，《新路》週刊為一帶有自由主義色彩的刊物，和儲安平主編的《觀察》，可說是當時期刊界的雙璧。

　　而論其影響，謝泳的評論頗為中肯，他說：「1949年前，對於中國經濟和世界經濟真正做過深入研究的，就是以吳景超為代表的一批社會學家，我們過去總是批評知識份子不了解中國的國情，其實他們對中國社會的了解，實際上是非常深刻的。」1949年後，掌握中國經濟發展的那些人，如陳雲、薄一波、李富春等人，根本不了解現代經濟；即便是中共的經濟學家如沈志遠、許滌新、孫冶方、薛暮橋等人，對於現代西方經濟之了解，也根本無法與《新路》週刊作者群相提並論，惜這些社會、經濟學家，在新政權下，已英雄無用武之地，毫無用處了。

　　謝泳接著感慨道：「半個世紀前，他們所努力奮鬥爭取的一切，並沒有隨著時間的推移而有所進步，單從言論自由和民間報刊的生長情況看，他們再也沒有能像當年那樣從容地議論國事，據理力爭，公開坦率表達自己思想的機會了，這是何等悲哀啊，作為年輕的一代，對於我的前輩們在國家危機關頭所發出的真正知識份子的聲音，我除了表示敬意外還能再做些什麼呢！我要做的就是將他們當年的經歷和言論告訴更年輕的一代，你們今天所努力思考和爭取的一切，你們的前輩在半個多世紀前已經都做過了，其思想的深刻、全面和產生的影響遠在今天我們的口號之上，現在我以晚輩的名義，請求那些健在的前輩將當年的歷史和經歷如實公正地告訴年青的一代，讓自由主義的理想再以血的代價積累幾十年，以換得一個新世界的到來。」

　　誠哉斯言，這是一個嚮往自由主義的大陸知識份子，在向過去的自由主義者招魂，也期盼自由主義能在重臨神州大地。謝泳感嘆《新路》作家群的「無用武之地」，其實不也是自五四以降，中國知識份子在動盪時代中，政治抉擇的無奈悲劇。

■■ 「中國的左拉」
──漸被遺忘的大河小說家李劼人

　　曾被巴金譽為「魯迅、茅盾之後第一人」的李劼人，在台灣文學界並無魯、茅的知名度，文壇對其介紹研究的也不多，甚至可用相當陌生來形容。人世間的事就是如此，張愛玲也曾沉寂多年，倘無夏志清在《中國現代小說史》的慧眼獨具，「張學」至今的顯學地位，還不知何時能現；若沒有北大教授嚴家炎確立劉吶鷗、穆時英、施蟄存等作家的文學成就，「新感覺派」也不會重新引起文壇的關注。所以說，文學評論家的「慧眼識英雄」，對一個作家的聲名，是可以起相當作用的。

　　李劼人，曾有「中國的左拉」之稱，其《死水微瀾》、《暴風雨前》與《大波》等小說，係開中國「大河小說」創作的先河，在中國現代文學史上本應有其地位。但除了巴金、曹聚仁、司馬長風等人有所評論外，其人及其作品，在海峽兩岸文學界，並未引起多大注意和評價。筆者曾蒐集若干李劼人資料，現將其生平及作品介紹於下。

　　李劼人，原名家祥，字劼人，後以字行。筆名尚有老懶、懶心、抄公、云云等，清光緒17年（1891）6月20日生於四川華陽縣。自幼家貧，父親李幼卿以教私塾和繼祖業中醫為生。據

李璜說，其家祖傳自製的「小兒驚風丸」非常有名，故劼人自幼放學歸來，即手搓丸藥不停。劼人6歲時，其父赴江西謀生，劼人留居成都外婆家，與外婆相依為命。9歲，其父傾其積蓄，捐一典史小官，指分江西候補，劼人隨母至南昌，未幾，母患病致殘，家庭遂陷困頓。幸其父先後在東鄉縣衙門及撫州府知縣衙門謀一小差事，家境才稍見好轉。然而此情況過不了幾年，就在劼人14歲時，其父不幸逝世，在拮据貧窮幾至無以為生時，幸賴親戚資助，與母奉父柩回川安葬。

光緒34年，劼人17歲時，考入四川華陽中學戊班肄業，暑假後復考入成都高等學堂分設中學丁班，同學中有魏嗣鑾（時珍）、胡助（少襄）、周無（太玄）等，皆一時俊彥，以後均為民國學術界之翹楚。翌年，劼人升至丙班，與王光祈同班，此外曾琦亦於此時插入丙班，同輩中人才濟濟，這些人物均是以後「少年中國學會」的骨幹份子。在同學中，劼人與王光祈、郭沫若、周無、曾琦、魏嗣鑾、蒙文通、張煦等過往較密。在師長中，他受同盟會會員劉士志（行道，時為成都高等學堂分設中學校長）、英文教習楊庶堪（滄白）以及教文學的劉豫波之思想薰陶較深。

課餘之暇，劼人也酷愛研讀中外名著，奠定爾後創作活動的基礎。宣統3年，四川保路風潮中，劼人曾積極參與學界聯合會、保路同志會、學生同志會等組織，參加罷課、罷市、遊行示威活動，這些經驗對以後的創作題材，提供了不少豐富的內

容。民國元年，劼人中學畢業，因家境貧困，無力升學，在走投無路的情況下，幸經同學兼好友王光祈之約，在《晨鐘報》任採訪，他的第一篇處女作諷刺小說〈遊園會〉，就是在該報刊出，而且還頗受社會好評。

民國2年至民國4年，劼人應親戚約，先後在瀘縣、雅安等地方政府任教育科長。兩年的官場生活，使他深刻體會到李伯元《官場現形記》的醜陋。於是在不合自己個性的原則下，絕意仕途，決心拿起筆來，揭露社會的弊端和人間的不幸，〈兒時影〉一文便是在此時寫的。民國4年到8年，劼人任四川《群報》主筆兼編輯，在此期間，他發表不少小說創作，內容大都為揭露社會黑暗，鞭撻官僚醜惡行徑的系列小說，如〈盜跖〉等四十餘篇。

民國7年底，昌福印刷公司邀劼人及原《群報》同仁另創《川報》，劼人任社長兼總編輯，王光祈、周無則分別擔任駐京、滬記者。此期間，劼人撰述了大量的評論、雜文、小說等文章，批評軍閥亂政和張勳復辟。尤以在「五四」運動爆發後，《川報》刊佈了王光祈等所撰，傳播「五四」精神的大批通訊、文章、電訊，引起了四川學界的注意，間接的也推動了「五四」運動在四川的發展。除此之外，劼人也在《國民公報》發表了諷刺投機鑽營者的小說〈做人難〉和〈續做人難〉等篇，對黑暗社會種種眾生相，作了毫不留情露骨的批判。劼人此時期之短篇小說，後結集為《好人家》一書，於民國36年出版。

　　此書周太玄曾為其寫序，提到裡頭小說「都是寫在封建勢力搖撼之下，追逐著低級享受的人們的一些突起倏滅的小故事。透過這些故事，可使讀者隱然感到更有廣大的群眾曾經是如何的在運用傳統的明哲保身的方法，閴靜的渡過這些時代的波瀾。可是無疑的，這些深刻的印痕並未被拭去，相反的，還清晰的保留在若干人的下意識中！」周氏並盛讚劫人小說之風格明快、勇敢精勁和周密之特色。

　　清末民初，是中國新思想、新文化孕育、啟蒙，發芽的時期，由於受到西方列強的欺凌，晚清以降，自「強學會」始，民間學術團體，有如雨後春筍般的蓬勃發展，其數目不在千百之下。此種思圖以組織學會、團結力量以達救國目的之結社方式，迄於五四時代幾臻於高峰。在這千百個學會當中，「少年中國學會」（以下簡稱「少中」）無疑的是其中最具特色與影響力的一個，因為它不僅是五四時期歷史最久、會員最多、分布最廣的一個學會；且是象徵五四悲劇精神、分化意識最明顯的一個社團。

　　民國7年6月30日，「少中」由王光祈、曾琦、陳淯（愚生）、周太玄、張尚齡（夢九）、雷寶菁（眉生）及李大釗等七人籌備發起，經一年準備，始於8年7月1日在北京正式成立。但在「五四」運動的推波助瀾下，「少中」成都分會，反較北京總會先於是年6月15日成立，會員有李劼人、彭舉（雲生）、周光熙（曉和）、穆世清（濟波）、胡助、孫少荊、李思純

（哲生）、何魯之、李珩（小舫）等九人。其下並設綜理會務之書記員和購置書報之管理員等職，二者均由劫人膺任。「少中」在北京正式成立後，也同時出版《少年中國》月刊，以為該會之機關喉舌，劫人亦被推為《少年中國》月刊之編譯員之一。7月13日，「少中」成都分會亦發行《星期日》周刊，鼓吹少年中國主義，眾推劫人擔任主編，在該刊的〈發刊詞〉裡，他做了如下的聲明：

「我們為什麼要辦這個周報，因為貪污黑暗的老世界，是過去了。今後便是光明的世界！是要人人自覺的世界？可是這裡有許多人，困於眼前的拘束，一時擺脫不開，尚不能走到自覺的地步上。如果竟沒有幾個人來，大聲呼喚一下，那是很不好的。因此，我們才敢本著自家幾個少數少年人的精神，來略說一些很容易懂的道理。」

而這些道理，不外乎是「少中」宗旨：「本科學之精神，為社會之活動，以創造少年中國」之目的。而其具體的做法，則要求國民之自覺，不請謁當道，不依附官僚，不利用已成勢力，不寄望過去人物。總之，《星期日》周刊雖然僅僅維持年餘的壽命（至9年4月第36期後，因會員相繼離去而改組為「星期日周報社」，此後即非「少中」刊物了），但它每一期的銷行量均高達三千份以上，這對地處內陸的四川而言，於知識的傳播、思想的啟蒙，自有相當的影響，這其中劫人的貢獻自然是很大的。

此外，附帶一提的是，《星期日》周刊，在劫人主編的第19、20、21期三期中，曾轉載《湘江評論》一篇署名澤東的〈民眾的大聯合〉文章。這是毛澤東在風雲際會的「少中」裡少數可確定的文章之一，而那時中國共產黨還尚未成立。

民國8年8月底，劫人將《川報》社務交給盧作孚，與楊叔捃結婚，不久即與李思純、何魯之、王懷仲、胡助等十人由滬赴法勤工儉學，同船尚有徐特立、向警予等人。是年底，船抵馬賽，旋即赴巴黎，先在蒙達爾補習法文，兼亦參加「少中」同仁周太玄、李璜主持的「巴黎通訊社」工作。後通訊社結束，便在格魯皮朗工廠做電工，同時還作社會調查，著有〈法國工廠寫真〉一文，並撰寫介紹列寧的文章，如〈列寧在巴黎〉，這是中國海外留學生早期少數介紹列寧的文章，顯見劫人此時對共產主義已略有涉及。此外他還編過《華工旬刊》，並積極向四川的《川報》、《國民公報》、《星期日》等，撰寫大量的國際通訊和評論；向《少年中國》、《少年世界》、《東方雜誌》、《小說月報》等刊物寫文章、小說等，以稿費維持生活。

在巴黎的歲月，對他的思想有重大影響力的人是趙世炎，一則兩者均為「少中」同仁，且均赴法勤工儉學；二則兩人志趣相近，志同道合。他們經常一起談論國事，談的最多的是，當時正受內外夾攻中的蘇聯情況，根據劫人日後的回憶說道：這些交談，使他愈益明確堅定其爾後二十幾年來的行動方向。

　　劫人在留法期間，先後進過蒙伯烈大學和巴黎大學，選讀文科。他潛心研究法國古典文學、法國文學史、法國近代批評文學、雨果詩學等，熱愛福樓拜、莫泊桑及都德等諸寫實主義大師作品。為稻粱謀，劫人以大半時間從事翻譯和寫作，可是根據李璜的回憶說到，劫人的翻譯能力並不怎麼高明，李氏說：

　　「劫人的法文根柢並不夠深厚，雖能了解小說原著大意，然將其中文筆轉折與意趣寄託的緻密之處，每每忽略，故其譯成中文，只顧表面意義，而我（按：指李璜）校改起來，也非常吃力，推敲再四，改得並未稱心滿意。但劫人急於要以此譯作寄往上海賣錢，以為留學食住之需，也就馬虎了事，因之劫人所譯之法國小說，雖在上海中華書局等處出版不少，但不及李青崖所譯莫泊桑小說為有功力。」

　　然不管怎麼說，劫人之翻譯小說，對引進法國文學進入中國文壇，功勞仍是不小的。他先後曾翻譯出版了莫泊桑的《人心》、都德的《小物件》和《達哈士孔的狒狒》、卜勒浮斯特的《婦人書簡》和福樓拜的《馬丹波娃利》，上述諸書均列為「少年中國學會叢書」。此外還譯介了左拉、龔古爾兄弟、羅曼羅蘭、馬格麗特、納魏克、巴散、魯意斯等名家的短篇小說及戲劇，分別在《少年中國》、《東方雜誌》、《小說月報》、《文學周報》等刊物上發表。

　　這些譯作大都附有〈譯者附言〉、〈後記〉、〈前言〉、〈譯序〉等，鮮明地表現了他的文藝觀點。他曾指出左拉學派之大

弊，猶之醫生診病，所陳的病象誠是，但不列方案。這些譯作和他撰寫的另一些介紹法國文學的論述，對當時國內文壇和知識青年以重大的影響。丁玲說：《人心》和《小物件》，曾對她的創作有所啟發。

留法期間，他曾因病在一個平民醫院治療了兩個月，出院後，又賣掉了僅存的衣物到一小城去養痾。在這裏，他對法國社會和法國人民有較深的接觸與理解。他把平民醫院的感受，用病床日記體的形式，寫成第一部中篇小說《同情》，在《少年中國》月刊4卷1－6期連載。民國13年，該書由上海中華書局出版，這篇小說以細膩的筆墨、真摯的感情、描繪了一個普通的法國平民對一個中國青年病人真切的同情和友愛。

民國13年6月，劫人由法啟程回國，友人黃仲蘇本擬舉薦他到南京東南大學教法國文學，然劫人以不願與保守復古的《學衡派》為由婉拒之。乃逕自返川，經留法同學黎純一、喻正衡之介紹，入彼時督理川政楊森之幕府，並兼任《新川報》主筆，後因在該報發表反對吳佩孚的言論，文字賈禍與楊森不睦而求去。（一說當時楊森標榜「新文化」，周圍有一權勢赫赫的「洋秘書團」，均「洋其服而手其杖」，劫人對此系人有不恭之，故離去。）。是年底至14年初，劫人轉任成都大學及高師教授，一面教書，一面潛心寫作，期間著有短篇小說《大防》、《捕盜》、《只有這一條路》、《編輯室的風波》、《棒的故事》等，成果頗為豐碩。此外，他還翻譯了福樓拜的長篇歷史

小說《薩朗波》、法赫爾的長篇小說《文明人》、羅曼羅蘭的長篇小說《彼得與露西》、龔古爾的小說《女郎愛里沙》等。其中尚譯著一部中篇小說《霸都亞納》，為舒新城介紹給新月書店出版的，較少人知道。

民國14年8月，張瀾任國立成都大學校長，因欣賞劫人的行政能力，邀其出掌預科主任。17年，四川軍閥屠殺革命學生，在成都造成血腥的「2‧16」事件，劫人為青年詩人孫鷗編寫詩集《血泊》，以資紀念。民國20年，劫人在成都幾所中學教書糊口，22年3月，出任民生機器修理廠廠長。然因他主張建船塢、修造大中型輪船、裝配木炭汽車、製造抽水機以及維護工人利益、受到大多數資方的攻擊，爭執了半年沒有結果，遂憤而辭職，攜帶家眷返回成都。

經此浮沉人世的滄桑後，劫人不願在如飄蓬浮萍，他立志以寫作小說為專業，將自己在大時代革命風暴中的所見、所聞、所感，用寫實主義的創作方法加以鎔鑄。先後完成連續性的大河小說《死水微瀾》、《暴風雨前》、《大波》（上、中、下3卷）。其時正擬回國的郭沫若，花了幾天時間讀完了他的三部曲，即撰文譽劫人是「中國的左拉」、「寫實的大眾文學家」，還稱這三部曲是「小說的近代史」、「小說的華陽國志」。

民國24年夏，劫人任嘉樂紙廠董事長，抗戰爆發後，他隱居在成都東郊沙河堡菱角堰菱窠家中，仍負責嘉樂紙廠事，時大後方亟需文化用紙，嘉樂紙廠業務漸興。但民國28年5月，

廠長王懷仲至重慶，不幸被敵機炸死，繼任廠長梁彬文又到職一週便離去，不得已，劫人只得以董事長身份兼廠長和總經理，以維持局面。期間亦曾一度主持「中華全國文藝界抗敵協會成都分會」，雖然工作如此繁重，但劫人始終沒有放下他的筆。他重譯了《人心》、《小物件》、《馬丹波娃利》和《薩朗波》，還譯了維克特、馬格利特的《單身姑娘》。抗戰勝利後，還寫了長篇小說《天魔舞》，揭露戰時社會之腐敗黑暗。

民國38年中共建政後，劫人曆任中共「西南軍政委員會」、「文化教育委員會」委員。43年9月，復當選為中共「第一屆全國人民代表大會」四川省代表。除擔任這些職位外，劫人主要的精力，還是放在文學創作上，民國44年，他陸續改修《死水微瀾》、《暴風雨前》，並對百萬字的《大波》進行徹底的改寫。在改寫過程中，他搜集了大批的資料，訪問了當事人，作了大量的讀書筆記。他計劃在《大波》第4卷完成後，再寫從甲午戰爭到中共成立的編年史小說；首先想寫反映五四前後知識份子活動的〈激湍之下〉，後寫歷史小說〈張獻忠〉等。

奈何《大波》第4卷方寫至三分之一時，民國51年12月24日，病魔就奪走了他的生命。他逝世後，從民國70年起，四川人民出版社編輯出版了《李劫人選集》1－5卷七大冊。民國72年，人民文學出版社重印了他的三部巨著，而在民國71年大陸的文代會上，也客觀評論他的《死水微瀾》，譽為五四新文化運動以來的優秀作品之一。

　　劫人為人謙和，對與其同時代的作家和作品，常褒多於貶，對於當代小說家，則頗欣賞沙汀之作品。其畢生獻身於文學事業，嘔心瀝血，鍥而不舍。他宏偉的創作計畫雖功敗垂成，但留下來的幾部長篇巨著，是色彩斑斕的辛亥革命的歷史書卷；以及抗戰時期社會生活的浮世繪，在海內外及中國新文學史上，均有深遠的貢獻與影響。其中尤以一連串的大河小說，最膾炙人口，無論在技巧或選材上，均是三〇年代小說的奇葩，新文學史家司馬長風曾說：

　　「『大河小說』原是法國文學術語ROMAN-BLEUBE的日譯，是指反映時代超長篇小說。縱觀新文學史，迄未產生這樣規模偉巨的長篇小說。魯迅曾慨歎其事：『即以前清末年而論，大事件不可謂不多了：鴉片戰爭、中法戰爭、中日戰爭、戊戌政變、義和拳變、八國聯軍，以至辛亥革命。然而我們沒有一部像樣的歷史著作，更不必說文學作品了。』魯迅死於民國25年7月，大概他不曾讀過此書，甚是可惜。」

　　《死水微瀾》寫1894年到1901年這一階段，即從甲午戰爭到辛丑和約的階段。內容則以成都郊外的鄉鎮為背景，寫兩大黑暗勢力「教民」與「袍哥」的衝突。《暴風雨前》則寫自1901年到1909年間，即辛丑和約到立憲運動的時期，也是以成都為背景，寫官僚、士紳在變革期的樣相以及革命志士的奮鬥。《大波》係寫1911年引起武昌起義，促成各省獨立的四川鐵路風

潮。《大波》原定寫4卷，最後一卷寫至1919年的五四運動，執筆至「7‧7」事變而告中斷，殊為可惜。

基本上，劫人小說有一很重要的特色，即是以時代為經，以歷史事件為緯，配合作者親身之人生經驗，交織成一時代悲歡離合的組曲。可惜其小說因出版於抗戰前夕，在國內較少為人注意，除郭沫若戰前曾作介紹，曹聚仁於戰後盛加讚譽外，幾乎寂黯無聲，反倒在日本則評價極高，聲光四射。

日本已故聲名卓著之文藝批評家田清輝盛讚《死水微瀾》具有「吸引讀者無比的魅力」；且將它與日本明治時代大作家島崎藤村之《夜明之前》相提並論。此外，《死水微瀾》及《暴風雨前》的日譯者竹內實氏也稱他是「中國的優秀作家」，且在書末寫了一篇細緻的〈解題〉，對劫人及其作品作了無微不至的考證與介紹。

日本出版的「現代中國文學」叢書，計十二大本，其中有六本是二人或多人合輯，如老舍和巴金為第四輯，曹禺和郁達夫為第六輯；獨自成輯者僅有李劫人、魯迅、郭沫若、茅盾、趙樹理、曲波六人，由此可見劫人作品在日本人心目中的比重是如何的崇高。

曹聚仁曾評論劫人小說道：「在當代還沒有比他更成功的作家」。此言雖有溢美之嫌，但劫人小說之氣魄，確有直追福樓拜、托爾斯泰之勢。其風格平實，規模宏大，長於結構，而

個別人物與景物的描寫又極細緻生動。筆鋒詼諧，下筆幽默，寫實中每帶機鋒。其用語明快、精勁、周密且口語，刻劃人物入木三分，呼之欲出。毫無疑問，在三〇年代長篇小說大家中，劫人有和老舍、沈從文鼎足而三之勢。

自由主義在台灣的緣起與緣滅

　　自由主義的討論，在二戰後的台灣現代史上，特別有其意義。因為它所涉及的，不只是重要的民主思想啟蒙、戰後西方各家重要思想家或其學說的介紹；更是親自在對抗專制獨裁政權的火線上，提出強烈批判的尖兵鬥士，他們都是義無反顧地、準備實踐其理想的殉道者。這批標榜自由主義的知識份子，有理想、眼界廣、實踐力也往往超越常人，以今日視野觀之，他們在戰後台灣社會上，均享有崇高地位和正面評價的文化人、知識領袖，或稱為引領風騷的偉大啟蒙者。因此，拙文在此特別提出幾位自由主義經典性的重要人物，簡述其生平事蹟與思想，藉以讓今人理解其所作所為，及其能使後來者，有所深感之處。

　　眾所周知，二戰後的五〇年代，是中國現代史上石破天驚大變動的時代，糾纏多年的國共內戰，在國府戡亂失敗後，神州陸沉，江山易手，倉皇撤退來台。來台後，於風雨飄搖中，面對中共威脅與鞏固政權的考量下，國府斷然採取更嚴厲的統治手段，實施此後長達三十八年的戒嚴體制，以建立起獨裁政治的威權統治。在此氛圍下，於大陸時期尚可標榜獨立自主，走「第三條道路」的自由主義知識份子，來台後，由於批評國

共兩黨的議政空間益形緊縮，是以其所受到的箝制力量也愈大。但是他們秉持著自由主義的傳統與知識份子的良知血性，繼續堅毅勇敢的批判蔣氏父子的專制獨裁體制。當然，其最終之下場也就可以預期；然也因此，其所散發的人格光輝，才更難能可貴。

基本上，在民國38年（1949）以前，中國的自由主義知識份子，雖遭國共兩黨夾擊，但他們尚可置身於或左或右的偏離或偏倚的有利條件。職係之故，當年國共兩黨對彼輩尚表現出某種程度的尊重和禮遇，甚至企圖拉攏之。只是，此種情況在五〇年代以後既已不再，原因為自由主義知識份子已不能擁有自由選擇偏離與偏倚的條件，因為擺在眼前的，只有一個政黨、一個主義、一個領袖的威權體制。所以在五〇年代初期，跟隨國民黨政權來台的自由主義知識份子，雖不情願，也不得不在現實上，接受這樣箝制思想的政治環境。

所幸，當時的國民黨政權，雖然是一個政黨、一個主義、一個領袖的獨裁威權體制，但因其政權的存在與立足，必須全面依附美國，在考量美國觀感下，也曾給予自由主義知識份子一點點說話自由的權利。換言之，當時的國民黨獨裁政權，也曾把這一點自由的權利，作為一種象徵，來裝飾台灣。用當時的話來說，即是以所謂的「自由中國」，來對照大陸共產專制的極權國家，或用來討好美國的自由主義知識份子。

只不過，像胡適、雷震、殷海光等自由主義知識份子，也只有那點微薄的力量，所以在「韓戰」爆發後，國際局勢改變

了，國民黨政權在台灣立穩腳跟後，蔣介石樂得馬上連這僅存的象徵物也不要了。以下即略敘自由主義知識份子於五〇年代初，與蔣和國府疏離及交惡之緣由。

民國39年（1950）6月，「韓戰」的爆發，使美國為圍堵共產主義，不得不重新重視台灣的戰略地理位置，而命第七艦隊協防台灣海峽。美國此舉，使瀕臨崩潰的國府政權及蔣介石起死回生，渡過那危急存亡的關鍵年代。然國際形勢對蔣的愈趨有利，使蔣介石威權獨裁的本質又開始展現，仗著美國不可能棄他與台灣於不顧，蔣介石不再需要孫立人、吳國楨等來裝點門面，維繫美對台之支持。蔣經國與孫、吳等人之衝突，與其說是零星事故、事件之磨擦，不如視孫、吳之失勢，實為恰好證明蔣介石強人威權體制在台灣的建立與鞏固。

外交情勢的有利，美國的支持，使蔣對整肅黨內自由主義份子毫不手軟，先前「復行視事」時起用的具有自由主義色彩之人士，一一遭罷黜。民國42年（1953）11月，王世杰因「陳納德民航隊欠款事」，被蔣免去總統府秘書長職務。以王世杰在蔣和自由派互動間所扮演的角色來看，其被迫辭職之意義，不只是王世杰個人與蔣關係之惡化，究其實，它代表了擁蔣的自由派份子與蔣友好關係的畫下休止符。

至於雷震「國策顧問」遭除名，不單單只是雷震的《自由中國》雜誌言論觸怒蔣而已，它其實是象徵蔣及國府加緊政治控制及箝制言論自由的進一步強化。當時政府對一些超過言論

尺度的報章雜誌常給以停刊若干日處分，另外對新聞自由也加以限制。蔣經國對黨內標榜自由派、或傾自由派份子，更是深惡痛絕，他在陽明山演講時公開抨擊「大陸是自由丟掉的，現在又來台灣自由」。

到了民國42年（1953）底，國府執政當局對自由派的批評更加變本加厲，政治上與自由派份子的疏離愈來愈明顯。雷震之事，最後演變到《自由中國》事件及組黨風波，雷震為此更付出了牢獄之災。胡適雖被任命為中央研究院院長，但是蔣對他也是尊而不親，只因其在海內外無人可及的崇高聲望，當局對他尚有若干顧忌和禮遇而已。總之，從五〇年代起，黨外自由主義知識份子幾乎噤聲，台灣已是處於一個失去輿論批判和制衡力量的苦悶年代。

而早先爭取海外自由民主人士支持蔣介石，甚至組成「聯合陣線」以及召開「反共救國會議」之舉，也因美援恢復，台灣轉危為安，國府的態度轉趨強硬而流產。蔣對海外民主自由人士的疏離，導致張發奎、顧孟餘、張君勱、左舜生、李璜等結合成一股「第三勢力」的力量，曾在五〇年代以「反共反蔣」為訴求而活躍一時。

總的來說，蔣之所以能夠快速的建立以其個人為領導中心的威權體制，實有其特殊的時空背景使然。「韓戰」以後國際的大環境有利之，以「動員戡亂時期臨時條款」為蔣鬆綁憲法束縛其總統的權力、把「萬年國會」掌握在手中，如同御用

「傳聲筒」和「表決部隊」，而「戒嚴法」之下達，使白色恐怖彌漫台灣社會各個角落；兼以「228事件」後，台灣人的反抗力量基本上已遭瓦解。在這種種因素雜揉配合下，凡有礙於強人威權體制者，皆在排擠打壓之列，因此蔣氏父子輕易順利的掌控全盤，建立其不可搖撼的威權獨裁體制。

而此時自由主義知識份子與蔣的關係如何呢？平情來說，胡適以其當時在海內外德高望重的地位，作為獨裁者的蔣介石，尚不能不在表面上，對其容忍或禮敬一番。但對於以胡適為精神領袖的《自由中國》雜誌社，雷震、殷海光等所謂「胡適自由主義文人集團」的活動，蔣介石就沒那麼禮遇了。尤其後來雷震的主張越走越激烈，欲組「中國民主黨」時，蔣介石的容忍顯然已到極限，因此設法羅織罪名將其入獄；並將殷海光台大教職停職等，最後，連最年輕的自由主義信仰奉行者──《文星》集團的李敖，也身陷囹圄。

因此，整個「胡適自由主義文人集團」，隨著民國51年（1962）胡適的去世，死的死、抓的抓、關的關，幾乎被國民黨摧殘殆盡。而以胡適為首的自由主義知識份子，在五〇年代的台灣議政，雖掀起《自由中國》時代的高潮，但也隨即在國民黨的反撲下，緣起緣滅，倏忽地風流雲散矣！雖係如此，「哲人日已遠，典型在宿昔」，雷震、殷海光；甚至李敖等自由主義知識份子的典範，撫今追昔，仍是值得吾人加以肯定效法的，茲簡介其生平事蹟及其思想如下。

　　雷震（1897－1979）字儆寰，浙江長興人，早歲留學日本京都帝國大學習行政法學和憲法。民國22年（1933）至27年（1938）間，任職於王世杰主持的教育部，因王與胡適關係密切，因而也決定了胡、雷間的私交。抗戰勝利後，他先後出任國民參政會副秘書長、政治協商會議秘書長、制憲國民大會副秘書長等要職，長期周旋於各黨派間，深獲蔣之信任倚重。雷震雖為一老牌國民黨黨員，但在多年與各黨派和自由主義知識份子交往過程中，使他深刻體察到國民黨「一黨專制」的弊端，兼以早年留學日本的法政專業素養，使他對「民主憲政」有一份憧憬與理念的堅持。

　　據胡虛一在〈讀「愛荷華憶雷震」書後〉所言，雷震早在民國36年（1947）即對國民黨的「一黨專政」表示不滿，曾在日記中寫下其曾向陳立夫進言情況：「余進言謂今日辦黨，應變更作風。過去為一黨專政，今後為多黨政治，不獨方法不能同，而一切作風，均應改變。」同年7月25日的日記又言，他與羅貢華、程希孟等人討論選舉問題，及今後對付政治辦法，雷震以為民主勢力不擴張，中國今後必無出路。

　　在大陸淪陷前夕，雷震與蔣廷黻等人，既不贊成共產黨的武裝暴力革命，也不滿青、民兩黨僅是國民黨的附庸，毫無在野黨制衡的力量。因此，蔣、雷希望國民黨內主張「民主憲政」人士，從中分離出來，另組一新政黨，和國民黨作公平而自由的政治競爭，以發揮「監督和制衡」的民主憲政功能。而

蔣、雷心目中，最理想的「新黨」領袖，即為胡適，唯胡適並無意願。

有趣的是，當時蔣介石並不肯擔任憲法架構下，權限並不大的中華民國總統候選人，反而拱胡適出馬，但遭到國民黨內部的反彈而作罷。為此，蔣介石還特別約見胡適致歉，並希望胡適出面組黨，胡卻反而建議國民黨，最好自行分化為兩、三個政黨，來婉拒蔣之好意。由此可知，在國民黨自由分化產生新黨這點上，胡適、雷震、蔣廷黻的主張是一致的，這種政治上的自由主義，完全是「胡適派文人集團」一廂情願的幻想。

他們既不滿意國共兩黨的專制獨裁，也不滿民盟及青、民兩黨的依附性格，因此在國民黨敗退來台後，雷震等為挽救敗局，從根做起，乃試圖發起一場「民主自由中國」運動，號召群眾以對抗當時共產主義的猖獗發展。換言之，此時的雷震等，對國民黨尚存有希冀和幻想，因此才會在大陸局勢逆轉後，敦請胡適出面領導，欲組織「自由中國社」，創辦《自由中國》半月刊，藉助輿論，一面宣傳民主反共，來鼓舞民心士氣。

《自由中國》雜誌於民國38年（1949）11月20日創刊，雷震任主編，它群集許多在台自由主義知識份子於其上發表文章，試圖以評論政治或引介思想的方式，在台灣傳播自由民主的思想。而另一方面，雷震也有企圖以「自由中國社」為核心，聯合信仰民主憲政人士，反對國民黨的專制獨裁之用心，並希望藉此逐步發展成一新黨，在反共的同時，也能夠監督制

衡國民黨。然而，雷震當初欲以「自由中國社」所發起的組黨構想，卻因時局惡化太快而未能有進一步活動，但卻是爾後來台《自由中國》創刊；及蔣廷黻等在美擬成立「中國自由黨」的最初構想。

其實，當年雷震在台成立的「自由中國社」及創辦《自由中國》半月刊，還曾得到蔣介石的首肯及支持。因國民黨欲借此行動，來起死回生，使外界對其能耳目一新；只是當時蔣介石的支持，其後證明，仍是極有限度的。此即意味著，當時「自由中國社」所做的一切言論行為，必須、也只能在當局容忍的範圍內，才能有所開展。因而，這就決定了雷震等自由主義知識份子的侷限和歷史宿命，此一局面，當然亦導致胡適、雷震、殷海光等自由主義知識份子，其後無可避免被清算或遭整肅的悲劇下場。

五〇年代初，蔣廷黻雖曾擬定在美成立「中國自由黨」，但因胡適婉拒出面領導，故很快的無疾而終。反而雷震當時所辦的《自由中國》雜誌，卻愈辦愈紅，影響力越來越大。此情況在蔣介石立穩腳跟後，就觸犯了當局的大忌。因蔣介石本人，一向把自由主義，視同如共產主義般，為毒蛇猛獸，所以長期以來，對其排斥不遺餘力。

試想，早在二〇年代，蔣介石對胡適在《新月》時期的言論，尚不允許其批評國民黨、孫中山及政府，如今台灣處於風雨飄搖，大陸慘敗和台灣地方民主勢力抬頭，蔣早已心存餘悸

之刻，又如何能聽得進胡適、雷震等「烏鴉」的逆耳忠言呢？所以，蔣介石最後對雷震等，會毫不手軟的將其打壓入獄，也就不足為奇了。

或許有人會認為，雷震不能算是自由主義者，因為他曾做過國民黨的高官，和民、青兩黨人士往來密切，後來又搞反對黨，政治關係複雜，這就表示他不一定有一貫的自由主義思想。其實，雷震在其早年留學日本時，學校的課程，已奠定其民主法治的學理基礎。在京都大學時期，雷震主修行政法學，其師森口繁治教授，對於民主的堅定信仰，特別是對於議會政治和政黨政治的重視，以及反對軍人干政的態度等，都大大影響了雷震日後從政的理念。

基本上，雷震不屬於理論型的自由主義知識份子，相反的，其可貴之處，是以實際行動，來實踐自由主義者的政治理念。觀諸雷震在大陸時期，對在野人士的尊重，對結束一黨訓政，和實現民主憲政，都曾做了許多推動的工作。來台後，他尤其能不顧強權，向國民黨提出改造意見，甚至要求軍中不得設黨部，搞權力圈圈。因此，他常在《自由中國》雜誌上，撰述許多爭民主、爭自由、爭法治或爭人權的文章，均曾膾炙人口，流傳一時，而戰後台灣民主思想的啟蒙，諸多係由此逐漸發展出來的。

當時，雷震和許多自由主義朋友一樣，都認為國民黨那一套在大陸已失敗了，所以若要在台灣繼續反共，就只有靠民主

自由，才是對付共產主義的利器，而非以獨裁反獨裁、專制反專制，否則也只是「五十步笑百步」之譏罷了。而雷震的同志殷海光也曾說到：「一個真正的自由主義者，至少必須具有獨自的批評能力和精神，有不盲目權威的自發見解，以及不依附任何勢力集體的氣象。」這段話，其實也就是殷海光本人對自己或對其同人之最基本界說和自律原則。

準此而論，雷震可以說完全符合自由主義知識份子的標準，因雷震的民主自由信念始終如一。例如他在批判國民黨蔣家父子的極權專制時，毫不畏懼，所以最後才會觸怒最高當局，除各項職務先後遭解職外，最後還遭到蔣家父子以「莫須有」罪名，羅織入獄長達十年之久。這種一肩扛起所有苦難擔當，見諸書生空議政的自由主義知識份子群體中，是十分相當罕見的。

而兩岸的現代史，有時也會有偶然的相似，例如民國46年（1957），大陸開始「鳴放」運動，就有不少知識份子，以為有了說真話的自由，結果卻因此中了毛澤東「引蛇出洞」的陽謀。導致不少知識份子，紛紛被打成「毒草」而繫獄，或被清算、貼大字報和遊街示眾等羞辱行為的對待。正好台灣也於此年，掀起組織反對黨的高潮，所以雷震在《自由中國》上，一連登載了朱伴耘「七論」反對黨的文章，直到被當局逮捕為止。

雷震是個不喜歡紙上談兵的人，他認為要談反對黨，不要空論，而是要真正付諸行動。所以才有民國49年（1960），蔣

欲違憲競選第三屆總統之際，雷震聯合吳三連、楊金虎、高玉樹、成舍我、陶百川、殷海光、張佛泉、齊世英、李萬居、郭雨新、夏濤聲、許世賢、王地、傅正、夏道平等，緊鑼密鼓的籌組新黨之舉。但其為此，終於付出慘重的代價。

其後，不但雷震本人長期繫獄，連李萬居《公論報》經營權也被奪，殷海光則遭解除台大教職。而在雷震等人入獄後，彼等的精神領袖胡適，在輿論抨擊、內疚不安中，度過其生命最痛苦的晚年，並於民國51年（1962）猝逝。胡適的殞落，也結束了「胡適派文人集團」，這一標榜自由主義知識份子的群體，在台灣從事民主自由憲政運動的緣起緣滅史。

殷海光（1919－1969），本名福生，湖北黃岡人，從民國23年（1934）起，開始接觸邏輯，思想受當時清華大學邏輯學教授金岳霖的影響頗深。27年（1938）進西南聯大，31年（1942）入清華哲學研究所，為金岳霖入室弟子。金岳霖主張學生要有自己的獨立思考和見解，也要勇於發表意見，不要人云亦云。金岳霖這些看似淺顯的言論，對殷海光影響甚巨，甚至鑄造成殷海光的性格和思想生命，他日後大力宣揚自由主義，多少受到金岳霖的教育影響。

33年（1944），殷海光響應政府青年從軍號召，投筆從戎參加青年軍，當時殷的思想有相當濃厚的民族主義色彩，支持國民黨與中共對抗。民國34年（1945），大戰結束後退伍，隔年殷受聘於《中央日報》主筆，並任金陵大學教職。38年

（1949），殷隨《中央日報》來台，並兼任《民族報》總主筆，同年殷獲傅斯年聘為台大哲學系講師，教授邏輯，其後且參與《自由中國》編務，任編輯委員。

殷海光是最早將西方科學哲學引進台灣的人，在台大任職期間，被譽為「台灣大學最賣座的教授」，深獲年輕人所擁戴，許多青年學者和學生，都視他為思想導師。在他影響下，台灣也逐漸出現一群信奉自由主義的學子，如李聲庭、陸嘯釗、居浩然、韋政通、陳鼓應、王曉波、趙天儀、李敖等。在那個苦悶的年代，那個孤絕的小島，殷海光即使在風雨飄搖，仍不斷地掙扎、苦撐與堅持，使自由主義的鶯啼並未就此絕聲。

殷海光以自由主義學者暴得大名，是其來台後，在《自由中國》及《文星》等雜誌，發表的一系列闡述宣揚民主自由的政論性文章之結果。殷海光是彼時國內最重要的邏輯研究先驅，他除了引進當時國外最先進的「邏輯實證論」思想外，對羅素、海耶克等西方思想家，亦相當注意。相對於彼時，台灣非常封閉的學術環境言，殷海光引進了西方思想，無疑是為當時的學術界，開啟了對外接觸的重要窗口。

當然，在殷海光一生中，於《自由中國》撰述政論時間，是他一生最璀璨的歲月，也是他以自由主義大師，對台灣輿論界，影響最大的時期。平情論之，對於五、六〇年代的台灣人而言，自由主義思想，在當時是被統治當局刻意打壓，不鼓勵接觸的思潮。但殷海光卻說：「自由是許多人恐懼的烏雲，也

是另外許多人欣喜的朝陽」，他不斷地闡揚自由主義思想，其言：「我們對於反對自由主義的人，至少有義務要促起他們，知道自由主義，是怎樣一回事。」

為遂其宣傳自由主義的初衷，殷海光花費許多心血，他親自翻譯出版了海耶克的《通往奴役之路》，並透過報章雜誌，大量引介海耶克、卡爾巴柏、羅素等哲學巨子的思想。此外，在《自由中國》論政時期，殷海光尚以專業「邏輯實證論」作為方法論的基礎，筆鋒犀利進行對政治主張及時局批判的工具。他主要的政論文章有兩個主軸：一為以原有「五四運動」以來的啟蒙思想，鼓吹現代化的建設；二是在事實的基礎上，立足民主反共的路線。另外，亦對當時執政的國民黨，展開嚴厲的批判。

殷海光常自稱是「五四後期的人物」，是「五四的兒子」，緣於對「五四」民主自由的濃厚情結，使殷海光對宣揚五四精神非常重視。《自由中國》雜誌上，有關五四的社論，絕大部分都是殷海光所寫的。由於他對五四的憧憬，及傾向西化的主張，所以到《文星》時期，爆發所謂的「中西文化論戰」之際，殷成為眾矢之的，被徐高阮、鄭學稼、胡秋原等，視為幕後的支持者。

「雷案」發生後，殷雖未遭到逮捕，但他卻以大無畏精神，和夏道平、宋文明等人聯名發表公開信，強烈質疑國府當局，逮捕雷震之非法，並聲明言責自負，充分展現了知識份子

的風骨。但也因為得罪國府當局，殷在台大教職遭到停職、給薪，但不能上課的痛苦。其後，他欲申請赴美亦不可行，生活陷入絕境，靠哈佛大學的經費支撐。民國58年（1969），殷在極度精神苦悶與胃癌的折磨下，不治逝世，自由主義巨星又隕落一個。

其實，在當時政治統治高壓的情況下，很多知識份子失去脊樑，不敢和統治當局對抗，有的甚至噤聲依附充當打手。但殷海光，卻能不迎合當局，是其所是、非其所非、敢怒敢言的風骨氣節，成為知識份子的典範。坦白說，殷海光在學術專業領域，並沒有什麼了不起的創作；但在人格上，殷海光終身信奉自由主義，且試圖將自己活成心目中的自由主義者，並以此影響當時整個台灣的學術信仰和政治局勢。

殷海光以台大學術殿堂為傳道所，在教育上以自身的學養，為日後台灣培養一批篤信自由主義思想的生力軍。在言論鼓吹上，以《自由中國》為傳媒，向廣大的台灣知識青年，介紹自由主義思潮，即便在國民黨鋪天蓋地的迫害壓力下，亦不改初衷，永不放棄自己堅信不疑的自由主義信仰價值。

直到臨終前，他仍堅信：「一方面我跟反理性主義、蒙昧主義、褊狹思想、獨斷教條作毫無保留的奮鬥。另方面，我肯定理性、自由、民主、仁愛的積極價值，我堅信，這是人類生存的永久價值。」這不僅是殷海光臨終遺言，也是其一生奉行自由主義的最佳註腳。總之，殷海光到台灣後，成為台灣六〇

年代最著名的自由主義者及最佳代言人，雖然有趣的是，他本身的氣質，既不民主，亦不寬容；甚至，在論戰場上，還顯得相當武斷。然而，這種一元價值的思想特色，在當時台灣封閉的思想環境中，反而使其主張別具另類價值意義；在宣揚民主和科學的工作上，作出重大的貢獻。無怪乎，他被譽為「五四之後，除了胡適，台灣唯一有影響力的知識份子」。

　　至今仍活躍於台灣的李敖，雖還未到蓋棺論定的時候，但其一生已足以含括政治家、政論家、思想家、文學家、批評家、史學家等聲名於一生的傳奇人物。他素來批判國民黨，亦不滿於民進黨，他左右開攻，天生反骨，罵他的說他是「瘋狗」；捧他的譽其「特立獨行」，總之，沒有任何評價，可恰如其分的形容他。

　　這位有東北硬漢血統的李敖，與胡適一樣，在大學時，藉《文星》雜誌犀利的筆鋒，橫掃千軍，罵盡天下蒼生而暴得大名。他向國民黨威權挑戰，遭到國民黨的牢獄之災，出獄又入獄；他與影星胡茵夢結婚又離婚，遊戲人間，不改英雄本色。他開政論節目「笑傲江湖」，嬉笑怒罵台灣朝野兩黨的藍、綠政客。

　　民國89年（2000），他代表新黨競選總統，將其傳奇攀上人生高峰，其後當選立法委員，縱橫國會議壇。民國94年（2005），其又訪問了半世紀未曾踏上夢土故鄉的大陸，於北大、清華等大學講演，公然批評共產黨，猛龍過江，颳起一陣

「李敖旋風」。這位「五十年來和五百年內，中國人寫白話文的前三名是李敖，李敖，李敖。」不愧是亞洲前三十名擁有影響力的人物。

其實，任何一頂桂冠，對李敖而言，也許都是不屑的，李敖在歷史上的粲然登輝，特立獨行，其生命的最精彩處，是他以血汗青春為代價，所譜寫出傳奇起落的一生。李敖，桀傲不馴的勇者，正因為有所堅持，更凸顯其固執冥頑、難以頡抗。究竟是什麼樣的理念，使他寧願坐牢，也不接受官方關愛的眼神？究竟在他人格養成過程中，那些事件，使李敖一路走來始終如一？

答案是：胡適絕對是李敖思想的啟蒙者，這一點李敖亦不否認。事實上，他也一直是胡適自由主義的長期追隨者與信仰者。而《文星》一案，當是李敖一生的轉捩點，此事件充分考驗李敖對自由主義信仰的堅持，亦形塑其人格個性的試金石。從此後，自由主義這頂桂冠，將牢牢的戴在李敖頭上，閃閃發光，終其一生亦不悔。

李敖思想的啟迪，家庭因素是免不了的，其父李鼎彝，畢業於北大國文系，受陳獨秀、胡適、魯迅、周作人、沈尹默、錢玄同等之教誨，所以李鼎彝的北大自由開放的民主精神，對李敖產生不小的影響。當然，李敖的博覽群書，及絕對是非價值觀，對他自由意志的發揮起了絕對的作用。在台大讀書期間，又認識了民國以來最偉大的思想家胡適，兩者如伯樂與千

里馬般，馬上激盪出激烈的火花，兩代知識份子的薪火相傳，讓自由主義的棒子代代相承。

民國46年（1957），蕭孟能夫婦創辦《文星》雜誌，原本是一本平淡無奇的刊物，直到後來李敖的加入，才為《文星》雜誌，掀起濤天巨浪。李敖在《文星》發表的第一篇文章為〈老年人和棒子〉，擲地有聲的批評當時甚多佔著毛坑不拉屎的學霸。此文一出，顯然驚動了許多重聽的老年人，他們開始圍剿李敖，給他安上「文化太保」、「文化流氓」等許多罪名，此文亦是《文星》雜誌許多筆戰的導火線。

李敖後來又接連發表了〈播種者胡適〉和〈給談中西文化的人看看病〉，將文壇從「棒子戰」，轉為更高潮的「中西文化論戰」，該論戰使李敖成為眾矢之的。其後，他挖出一連串高等學府教授的弊端惡行，終於使這些老教授按捺不住而反撲，務必剷除李敖而後快。之後，李敖雖從此成了學術界的「過街老鼠」，但他卻意氣風發、不無得意的以自己能將《文星》帶領走向「自由、民主、開明、進步、戰鬥等鮮明色彩」而自豪。

民國54年（1965），李敖在《文星》發表〈我們對國法黨限的嚴正表示：以謝然之先生的作風為例〉，嚴辭批評國民黨，也伏下《文星》雜誌停刊關門的命運。總計李敖在《文星》的興風作浪，前後約有四年之久，其流彈所及，幾乎囊括所有黨政學術要人，因此國民黨開始羅織罪名，最後，以叛亂罪名判刑十年入獄。

　　對李敖來說，他從不諱言自己對胡適的尊崇，而胡適對李敖的影響，也是全面性的。所以李敖曾說：「四十年來，能夠『一以貫之』的相信他所相信的，宣傳他所相信的，而在四十年間，沒有迷茫、沒有轉變、沒有『最後見解』的人，除了胡適以外，簡直找不到第二個。在這一點上，我們不能不肯定他的穩健與睿智，和他對中國現代民主思想的貢獻。我們不得不說，這隻好唱『反調』的烏鴉，確實具有遠見。而這種遠見，就百年大計的建國事業來說，顯然是必需的」。

　　而李敖以上所說胡適「一以貫之」的思想，其實就是胡適終身標榜的自由主義，同時也是李敖亦步亦趨、堅信不疑的民主自由思潮。胡適影響李敖，使其成為理性的愛國主義和自由主義者，所以直到已近晚年的現在，李敖對胡適仍是敬佩有加。此由94年（2005），他親訪北大，獨捐巨資，要樹立胡適銅像於北大校園內，即知胡適在李敖心目中，其巨人形象，是如何的巨大。當然，李敖也不以胡適自由主義接班人為滿足，他時時刻刻站在這位思想巨人的肩膀上，並想超越他。

　　對於同志，李敖曾責備殷海光本人和其門人弟子，不能散佈及延續自由主義的精神。確實如此，在殷海光眾多弟子中，的確是李敖較他人更努力地或更全心全意地，做著他追求自由民主的艱苦工作。所以，李敖的知己孟絕子曾說：殷海光的學生很多，可貴的不少，但最能代表殷海光全部精神的，就是李敖。此語連殷海光聽了，也點頭同意。而李敖本人，更曾經不

客氣的對殷海光說：「殷先生，你在台大辛辛苦苦培養出來的幾個自由主義者，一受軍訓，全都變成國民黨了。據我所知，他們有幾個還是自動的。憑這一點，你應該佩服我。」對於此語，殷海光本人也承認這是事實。

基本上，李敖在努力維護自由主義的過程中，確實付出很大的心力和代價。只不過，現在已是自由主義在台灣「落日照大旗」的時候了。因自由主義思潮，在當代台灣已趨沒落，即使勇者如李敖，縱然有心想要挽狂瀾於既倒，也只能慨嘆時局，已是「夕陽無限好，只是近黃昏」的落幕之時了。

中國大陸研究胡適卓有成就的學者沈衛威，在評論「胡適派文人集團」在台灣的日暮黃昏時，有一段評語說的甚為中肯。他說：「在胡適『自由之旅』的蒼茫歲月，以他為核心的胡適派自由主義文人集團中，先後有兩個基本的群體結構：『自由中國社』和『文星社』。前者的代表人物為雷震、夏道平、殷海光；後者的代表人物為李敖。其中雷震作為《自由中國》社的主持人，他以自己的務實和堅韌，乃至屈原式的愚忠，既使胡適晚年，那近於蒼白的理想化的理性自由主義，得以張揚，也有所附麗；又使『胡適派文人集團』，在1949年大陸赤變易幟後，薪盡火傳，一部分力量，在台灣得以重新集結、調適，並再度介入政治。胡適、雷震、殷海光、李敖及《自由中國》、《文星》，成了台灣一個歷史時期內民主、自由的一個象徵性形象，也是一種社會化的民主、自由的力量。」

　　沈衛威評論的甚好，假如台灣的「自由中國」與當時的共
產中國有所區隔的話，說實在話，雷震等人在五、六〇年代的
台灣，所擎起民主自由的火炬，是有相當意義的。此一自由民
主運動，以胡適為精神領袖，雷震為中堅、殷海光為論述者，
李敖為殿軍，薪火相傳。彼輩雖曾遭到當權者的打壓，組黨亦
胎死腹中，但「寧鳴而生，不默而死」，其對爾後台灣思想之
啟蒙，與日後台灣之民主運動，影響可謂至深且巨。

　　另外，自由主義信仰者張忠棟教授也說的好：「胡適、雷
震和殷海光，是三位不同的自由主義者。因胡適是繼續反對獨
裁極權，反對守舊復古，並繼續主張民主與科學：而殷海光則
繼承五四餘緒，在《自由中國》寫了最多闡揚民主自由理念的
文章；至於雷震，他是在爭取民主自由的艱苦歷程中，不僅坐
而言，而且起而行，所以下場也最悲涼和最值得後人的同情。
以上三人，年齡雖不同，性情也各異，身份背景亦有別，也因
此，各有表現，也各有不同遭遇；但是，他們都曾共同堅持了
一些自由主義的基本原則，於是才會因緣際會，成為同道，共
同為戰後台灣的民主思想來啟蒙、來奉獻、並為其而受苦、受
難。……如今，我們若能為過去如彼那樣等的人，設身處地的
作想，則對於這三位不同典型的自由主義者，雖難免有不同的
評斷，或有更嚴格的要求。但，平心而論，環顧今天的自由主
義知識份子，大家的表現，又有幾人能夠超越當年的雷震、殷

海光或胡適？」這是自由主義信仰者張忠棟教授，晚年深刻的論斷和感慨。

張忠棟教授的論斷和感慨，並非無的放矢，觀之今日台灣諸多亂象，所謂標榜自由主義的知識份子，還有幾人敢秉持道德勇氣，挺身而出？或有幾人不畏於特定政治立場而針砭時局？因此，在當代台灣日益向下沉淪之際，猶能作獅子吼；或在台灣道德逐漸錯亂淪喪的今天，猶能力挽狂瀾者，若較之當年胡適、雷震、殷海光等人，面對蔣家黨國機器的壓制，所表現的錚錚鐵骨作風，則其所標榜自由主義者知識份子角色，不知其心中是否無愧。

自由主義者從政的悲劇
──「吳國楨事件」始末

　　民國38年，國共內戰硝煙已塵埃落定，共產黨席捲大陸，國府敗退來台，國命如絲，真是存亡危急之秋。而自由世界的龍頭──美國，雖然在歐洲提出「馬歇爾計劃」，欲重振歐洲民主國家與共產主義對抗，但在亞洲，卻因「重歐輕亞」的錯誤政策下，不僅丟掉中國，且將台灣、南韓劃出其保護範圍圈外。如此，就給了史達林和北韓共黨金日成可趁之機，「韓戰」即在此背景下爆發。

　　民國39年（1950）6月25日，「韓戰」的爆發，打破了美國總統杜魯門，在亞洲姑息共產黨的迷夢。韓戰開打後，美國隨即下令第七艦隊協防台灣海峽，以防中共攻台之蠢動。美國的協防台灣，有效阻止了中共解放台灣的企圖，使驚魂未定風雨飄搖的台灣，因韓戰的爆發而轉危為安。其後，美國與國府關係重修舊好恢復正常，美國不僅在外交上，承認台灣的國府當局，軍援、經援亦源源不絕而來。

　　而國府當局，為博得美國的好感與支持，在人事安排上，也大量起用有留美背景的人才，進入政府部門工作，其中最具代表性的有兩人，武的為孫立人，時擔任陸軍總司令；文的為

吳國楨，繼陳誠後，擔任台灣省主席。然可悲的是，孫、吳二人與蔣介石合作，都沒有善終。孫立人遭「兵變」牽連軟禁終身，直到垂垂老矣的晚年才獲平反；吳國楨與蔣氏父子交惡後，遠走美國客死異鄉未能回國。

基本上，孫、吳二人的下場，不是表面上個人權力鬥爭的關係，而是國府在台站穩腳跟後，於強人威權體制下，不容自由主義，而欲壓抑扼殺的結果。這當中，尤以五○年代初的「吳國楨事件」，最具代表性；此事件亦充分說明，在那專制獨裁恐共的年代，一位典型自由主義者從政的悲劇。

吳國楨（1903－1984），字峙之，湖北建始人，民國3年入天津南開中學，與張道藩同學。民國6年考進北京清華學校，與羅隆基同級。畢業後，於民國10年直接赴美留學。民國13年，吳獲普林斯頓大學碩士學位，15年獲普林斯頓大學政治系哲學博士學位，並於同年返國，任國立政治大學教授。16年，吳進外交部工作，正式踏入政壇，從此官運亨通，青雲直上。

民國20年，吳任湖北省財政廳廳長，隔年擔任蔣委員長侍從室秘書，雖然官位不高但權重，因為擠入最高權力核心，深獲蔣氏夫婦所倚重。吳由於留美背景，頗獲宋美齡青睞，被歸為所謂的「夫人派」，屢獲拔擢。21年底，吳以未滿而立之年，即被派任為漢口市市長，青雲得志，意氣飛揚。

抗戰軍興，漢口陷落，吳率部分市民西遷恩施，28年底繼賀國光為重慶市長。民國30年，重慶遭日機轟炸，發生「校場

口大隧道窒息慘案」，傷亡慘重。蔣極為震怒，下令嚴懲相關官員，吳為負起責任，於31年免去重慶市長職務。翌年，吳轉進外交部服務，擔任政務次長，在部長宋子文出國時，曾主持部務。抗戰勝利後，吳進入黨務系統服務，於34年，接任國民黨中央宣傳部長。民國35年，吳繼錢大鈞為上海特別市市長，上任伊始，以控制預算、處理黑市，為主要施政重點。36年，吳在上海逮捕共黨份子，並搜查「民盟」上海支部，對共產黨採強硬手段，頗得蔣介石信任。

　　37年元月，上海同濟大學學生，擬全體入京請願，交通、復旦等大學學生前往相送，吳以市長身份出面調解，但仍引起學生和員警衝突，吳遭學生毆打，學生亦多人並捕。吳對共產黨之強烈措施，曾遭中共宣布為「頭等戰犯」之一，然也因其堅定的反共立場，更得蔣賞識。38年，長江保衛戰前，上海已岌岌可危，蔣派蔣經國赴滬，力勸吳撐持危局，不要輕言辭職。是年4月，吳卒以病由獲准，辭上海市長職，5月，上海陷共。7月，吳隨蔣應菲律賓總統季里諾（Elpidio Quirino）邀，參加「碧瑤會議」，會後與蔣抵台。

　　38年底，陳誠辭台灣省政府主席職，蔣派吳繼任台灣省主席兼保安司令，此刻可說是吳一生政治生涯的最高峰，其受蔣之倚重也是於此為最。吳就任省主席始，即提出四大施政方針：一、徹底反共，密切配合軍事；二、努力向民主途徑邁進；三、推行民生主義，為人民謀福利；四、實施地方自治，

發揚法治精神,大量起用台籍人士。由這幾項施政方針看來,吳在台是頗思有所做為,以戮力台灣省政。

基本上,吳之施政方針,是項艱鉅的政治工程,既要兼顧反共的軍事需求,又要忠於自己民主法治的信念;要以民生主義的經濟建設,為百姓謀福祉,當然,也不忘地方自治的重要。比較難能可貴的是,吳國楨慧眼獨具,在「228事件」後,為撫平台籍同胞不滿的情緒,在政治資源上,主張多重用台籍人士。所以在吳國楨的省府中,諸多台籍菁英,如蔣渭川、徐慶鍾、游彌堅、杜聰明、李連春、楊肇嘉等,均為吳所提拔重用。

平心而論,吳是有心要做好省政工作的,但在當時特殊的時代氛圍下,軍事第一、反共至上的環境背景,使吳嚮往於西方民主政治之政風,根本無從落實實現,而與蔣氏父子的衝突,也就在所難免了。導致吳和蔣氏父子磨擦的導火線,在民國39年,台灣舉行第二次縣市長,及縣市議會選舉中,初現端倪。吳國楨就任伊始,即希望「積極實行縣、市長民選,還政於民」,以奠定民主政治的基礎,如今這個理想終於有實現的機會,故他對於這次的選舉,抱持很高的期待。

為此,吳還在事前啟動一個培訓計劃,即在台北成立一所培訓學校,輪番培訓從各區選出的民眾代表,每次培訓三天,在三天內要教會這些代表,對民主政治的理念與遊戲規則,有一基本的了解。然而,吳國楨的天真之舉,卻引起蔣氏父子疑

慮，以為他要培植自己勢力。吳國楨晚年回憶道：「現在想來，我開始明白，也許正是這個培訓計劃，是蔣介石與我，最後決裂的主要原因，他或許認為，我是在謀求自己的組織與權力，而那確實，遠非我的本意」。無論如何，此事引起蔣之不快，應是不爭的事實。

另外，吳國楨對於蔣經國掌控的情治系統，與救國團組織的恣意橫行，是相當不滿的。他曾苦口婆心向蔣進言，國民黨黨費，宜由黨員繳納，不可用國家經費。且鼓勵蔣容許反對黨的成立，俾能奠定兩黨互相競爭制衡的民主制度。可以想見，吳的民主政治與蔣的威權體制，根本是扞格不入的。故在台灣局勢稍安後，蔣無須再刻意討好美國，對自由主義份子開始疏離。於此前提下，吳與蔣之關係日益緊張，也就不難想見，吳為此亦不安於位，屢向蔣請辭，然皆未獲准。

因選舉事件，蔣經國的情治系統，膽大妄為，在缺乏證據的情況下，到處亂抓人，完全無視身為保安總司令吳國楨的職權，而副司令彭孟緝則陽奉陰違，一切以蔣經國唯命是從，也根本不把吳放在眼裏。在「基隆市議員綁架事件」後，吳與蔣經國徹底攤牌，吳對蔣的特務人員之無法無天，連民意代表也敢綁架，威脅恫嚇，已深惡痛絕。他知道，自己幹不下去了，因此，他又再一次，向蔣介石遞出辭呈。

蔣退回辭呈，但准假一個月休養，在日月潭休養期間，一場未遂的車禍，使吳誤以為蔣氏父子欲對其不利，台灣已是凶

險之地。透過宋美齡關係，吳以養病及接受母校普林斯頓大學贈予榮譽博士學位為由，於42年5月24日離台赴美，從此客寓美國。民國43年2月，積怨未消的吳國楨，趁台灣召開第一屆第二次國民大會，欲改選第二任正、副總統之際，上書國民大會和致函蔣介石與胡適。

在上國民大會書中，吳國楨痛陳台灣國府當局專制之弊，並舉出六大弊端，分別為：一、一黨專政。二、軍隊之內，有黨組織及政治部。三、特務橫行。四、人權無保障。五、言論之不自由。六、思想控制。為此，吳國楨提出六點建議：一、徹底查明國民黨經費來源（即反對把國庫當黨庫）。二、撤銷軍中黨組織及政治部。三、明白規定特務機關之權力（即限制之）。四、公開接受無辜被捕者親友之控訴，以保障人權。五、徹底查明過去言論，何以不能自由。六、撤銷青年團，並不得再有變相之組織。

吳國楨的公開信函，嚴重影響政府形象，在台灣引起強烈的反彈，朝野咸認為其「叛國」，群起而攻之。連台大教授毛子水等，亦簽名「抗議書」予以反擊，雙方隔洋大戰好不熱鬧。最後，在胡適的斡旋，及台北方面特派吳的舊識劉文島，前去美國勸吳下，這場隔空交火的論戰，才暫時偃旗息鼓。

台灣方面，雖停止了對吳的攻擊，但吳仍積怨難消。民國43年6月，吳在美國「展望」《Look》雜誌，用英文發表了一篇，旨在給美國人看的〈在台灣你們的錢被用來建立一個員警

國家〉文章，極盡能事的批評台灣，在蔣氏父子專制獨裁的統治
下，利用美國人的錢，建立一個毫無人權保障的警察國家。此文
一出，除給國府極大難堪外，也引起同在美國的胡適之反彈。
胡適除發信給吳痛加譴責外，也針對吳文的內容逐一批駁。

胡適甚至動氣的罵「國楨的毛病，是他沒有常識（Common
Sense），而且在若干情況下，他缺乏道德感（Moral Sense）」。
其實胡適不滿吳國楨的主要有兩點：一是在外國人面前，罵自
己政府總不得體；二為即便國民黨犯了那麼多錯，你吳國楨在
國民黨，擔任高官多年，難道沒有責任嗎？為何當時不進言規
勸呢？如今在外國罵政府，豈不丟人現眼。

胡適在晚年有一條很自律的原則，即人在國外「決不會發
表毀壞自己國家與政府的名譽的言論」，胡適把它稱為「這是
我們在國內提倡言論自由的，一班朋友的一條戒約」。「吳國
楨事件」發生後，美國紐約和舊金山兩地的華人報紙，這樣比
較胡、吳，說胡適在美國，從不批判自己的政府，唯有等到回
國時，才發表自己的意見；而吳國楨則完全相反。兩代自由主
義知識份子的人格風骨，於此可見高下。

基本上，在現代中國政局，自由主義知識份子的從政之
路，是非常艱辛的。在威權體制下，要官運亨通一帆風順，他
要違背自己的良知信仰，而屈從於統治當局；若要實踐自己的
政治理想或信念，就不得不與當局抗爭衝撞，而其下場也是可
想而知的。不是入獄，就是遠走他鄉；不是委屈妥協，即為縅

默不語。雷震、李敖的入獄；殷海光的停職、吳國楨的客居異國、胡適晚年非常無奈的「容忍比自由」重要的沈痛之語，甚至到大陸儲安平的失蹤。這些斑斑事蹟，不外乎在陳述一個事實，即自由主義知識份子，在中國從政的「兩難」處境，理想與現實難以兼顧的悲劇。

吳國楨，以自己的從政之路，見證了這一點。且在事件發生後不久，國府又發生總統府秘書長王世杰遭免職案，時蔣為拉攏吳，曾囑人赴美力邀吳回國任該職，但吳以「政府年來措施，並不與楨之一貫主張相同」而婉拒。吳的一貫信念為何？約而言之，即自由主義與民主自由的信念。吳不諱言，其與蔣介石的衝突，主要來自他與蔣經國的不合；因為他反對蔣經國從蘇聯學來的那一套，軍隊政治化、特務政治，以及以共產主義的方式來對付共產黨等。

然蔣介石在失去大陸後，對權力的掌控更加的嚴厲與專制獨裁。當吳認為台灣已是「一人控黨，一黨控政，以政治控制軍隊，以特務控制人民」時，吳國楨身上自由主義的因子，已不容其繼續在蔣政權下工作。故其辭職遠走美國，與其說是政治鬥爭的結果，不如說是，自由主義知識份子，在強人政治下從政的必然悲劇宿命。

反觀胡適，則比吳國楨聰明，除抗戰期間，曾短暫的任「駐美大使」外，他始終保持自由之身，儘量不涉足政治；也因此，他還多少擁有其「獨來獨往的自由」。不僅如此，當國

家的利益高於一切時，他是置國家於自由民主之上的，在國家依存的框架內，緩進推動民主自由，這是胡適晚年的基本態度。為此，他曾在「雷案」爆發後，發表〈容忍比自由重要〉的文章，而被批為立場軟弱；「吳國楨事件」時，他又發表〈台灣是多麼自由〉一文，為國府說話。

我們承認，作為自由主義者的胡適，其晚年心態是保守的；也因此，其暮年的若干舉措常遭非議。但其實這是胡適老成謀國的苦心，畢竟「覆巢之下無完卵」，國家沒了，一切信仰的自由主義又有何用。換個角度想，這何嘗不是自由主義者的另一悲劇，而胡適晚年悲涼的心境，實是此悲劇的最佳寫照。

下篇

——舊作隨感錄

❖ 從「資訊污染」說到批評態度

　　最近與朋友閒聊，常聊到一句話；當今社會要成名不難，唯「敢」而已。這雖是一句戲言，箇中卻不無道理。在這六十年目睹怪現狀中，有人敢脫，竟成了新聞媒體競相報導的焦點；有人敢站在議事台上打主席，就成為家喻戶曉的英雄人物；有人敢走向街頭抗議示威，便成了民主自由的象徵；有人敢砸立法院招牌，而成了打破政治禁忌的衝鋒者。

　　總之！時代瘋狂了、大家成名了、大家都上報了。在這無奇不有的台灣社會中，我們不知道是要將此類現象，歸之於社會轉型期的短暫脫序；抑或是自我安慰的說，此乃民主政治演進過程中的陣痛期。根據筆者個人的淺見，上述二者均不是。當今社會功利主義彌漫，每個人每天鑽營不已的，不是爭名就是逐利。逐利者，玩股票、炒房地產，企圖一夜之間獲得暴利。

　　爭名者，以行動走向街頭，凸顯個人意識者有之；為文批評攻訐，上至政府，下至個人，口誅筆伐，不留餘地者有之；更有甚者妖言惑眾、譁眾取寵、荒誕不經、誇大不實，只求一己成名者亦有之。總之！這實在是個光怪陸離的社會，眾人的眼睛被迷惑了、眾人的心智被蒙蔽了，更可悲的是，眾人的理智迷失了。

　　也許有人會以為筆者未免太憤世嫉俗、言之過當。但大家平心靜氣想想，今天我們所受的污染是什麼？是噪音？是空氣？是水源？毫無疑問，這些都是。但是不知大家是否警覺到，還有一種最大，也是最可怕的污染，那就是「文化污染」、「資訊污染」。各位或許會疑惑，此話怎講，我們只要去路邊書報攤瞧瞧！便可知曉。打開坊間的雜誌、期刊，首先映入眼簾的不外兩種文章，一種文章我稱之為「刺眼文章」。

　　這些文章的特色一定是殺氣騰騰、熱血澎湃、慷慨激昂。不是獨家內幕，就是揭人陰私；不是冷嘲熱諷，就是抨擊謾罵。美其名見解透徹、鞭辟入裡，實則淺薄粗俗，人云亦云。但是為了成名、為了銷路、為了噱頭，有奶便是娘。只要能滿足觀者好奇心理，能滿足買者要求，加一點鹽、添一些醋，又何傷大雅呢？

　　另一種文章我稱之為「養眼文章」，眼睛吃冰淇淋有誰不喜歡？於是為投嗜者所好，大膽、綺情、香豔、煽情的文章、圖片紛紛出籠。只要能使登徒子趨之若鶩、好色者大呼過癮，先睹為快，披露這樣的文章又何妨呢？如此的文化空間、資訊污染，我們不禁要問，如何提高人民的知識水準，如何提昇國民的道德水平呢？

　　解嚴以來，隨著各種政治禁忌的逐漸解紐，台灣社會展現了一片六十年來未有的蓬勃景象。黨禁的解除，使得反對黨有了成立的依據；報禁、書禁的解除，使得輿論不再是清一色的

聲音，言論自由也有了初步的保障。開放大陸探親，不僅合乎人道立場，也使得海峽兩岸的互動關係更為頻繁。在這一連串開放的過程中，無疑的！得到眾多國人的贊同與好評。

可是也在這開放改革的步調中，我們社會亦隱藏著諸多的危機，其中最為可怕的，筆者以為莫過於輿論的不負責任。姑且不提有無危言聳聽之嫌，光是每天「語不驚人死不休」的批評撻伐之聲，就令人受不了。不錯！我們社會，上迄政府施政，下至社會百態，均有諸多值得可議之處。可是我們除了看到滿紙的批評之聲外，很遺憾的，我們看不到下文、看不到實際改進的措施。我們需要批評，因為有批評才有警覺，但是有批評不一定有進步，原因很簡單，沒有具體可行的方法，一切的批評，不是流於空談，就是毫無意義。因此筆者在此願沈痛呼籲，一昧批評之文可以收斂矣！請讓我們看些建設性的東西吧！

政黨民主風度的省思

　　最近國內政壇因明年的總統大選而爭議不休，各組候選人無不卯足了勁，為自己的政治理念作宣傳。高唱政黨輪替者有之，主張超黨派跨族群者有之，強調安定繁榮珍惜現狀者亦有之，雙方劍拔弩張，你來我往，唇槍舌劍，好不熱鬧。其中尤以國、民兩黨都不約而同的訴求政黨政治的重要性，更值得吾人深思玩味。

　　基本上，民主政治即是政黨政治，這話大體是不錯的，但所謂的政黨政治，倘若此政黨政治制度並不健全，那又該當作何解釋。

　　綜觀國內目前朝野兩大政黨，國民黨雖已卸下列寧式政黨外衣，但家父長制的領導風格尚存；民進黨則仍在民主學步，且漸有「國民黨化」的跡象。平情而論，此兩大政黨離西方式的民主政黨仍相去甚遠。西方民主政黨一個最基本的特色，即是政黨民主風度與氣質的培養，以下筆者即想就政黨的民主風度作一淺論。

　　所謂民主風度，係指從事民主運動者應有的態度而言，談民主，如果忽視了這點，那對民主的任務，是不容易達成的。

所以一個民主運動者，為達成其任務，必須確實培養出必具的
風度。那何謂民主風度呢？個人以為有下列五點：

一、要有適應國情的主張：一個民主政黨，必須要有適應國家
　　實際需要，促成民主政治的實際主張，這主張且必須求得
　　人民的瞭解與擁護。如果並無具體主張或雖有主張而不鮮
　　明確定，模稜兩可，可以隨便解釋，以遂私圖，甚至自己對
　　自己的主張，亦無促其實現的誠意和決心，只是用來號召群
　　眾，作政治鬥爭的籌碼，作爭權奪利的墊腳石，所為者並
　　非所說的。凡此，均只是機會主義者，為民主政治之賊。

二、要能代表人民的利益：民主政治雖是政黨政治，但更是全
　　民政治。因此，一個民主政黨的主張，必須以全民的福祉
　　為依歸，針對全民的需求，顧及全民的利益。如果只是為
　　了某一階級的權益，只是為了一黨一派的權益，甚或只是為
　　了意見領袖的地位，或為了黨內少數人的權利，而於黨內
　　另起派系，假民主政治之名，行個人私利之實，此皆為民
　　主運動者所不取。所以一個民主運動者，不可只汲汲於爭
　　取政治的權力，必須著眼於民意的歸向。某一階級獲得利
　　益，而無視於階級以外的人民，此固然是特權者的化妝；
　　而個人之排他利己，不容他人置喙，亦是變相的獨裁。

三、要爭取人民的同情：一個民主政黨，不是以黨來役使民
　　眾，來做民眾的主人，而是以黨來服務民眾，來做民眾的

伙伴,為民眾所役使。所以一個民主運動者,不僅是要爭取民眾,領導民眾,尤須學習民眾,追隨民眾。必須處處為民眾著想,事事為民眾打算,而後始足以言民主,始足以稱民主政黨,始足以取得民眾的支持與擁護。如果只是欺騙民眾,煽惑民眾,蔑視民眾,乃至壓迫民眾,以達到利用民眾,假民主之名,行圖己之私,說來頭頭是道,做來卻樣樣全非,這都是官僚惡習,政客作風,非民主運動者所應為。

四、要尊重異己的意見:民主政治的原則,是承認真理是多方面的,所以尊重人人的思想言論自由權,允許人人有自己選定真理的機會,是一民主運動者或民主政黨應有的襟懷氣度。因此,對於異己的見解,即使幼稚淺薄,也只能與之討論辯駁,以理服人,千萬不可自恃權力,予以壓迫禁抑,或造謠中傷,藉勢要脅。固執成見,以我為是,固非所宜;自恃多數,抹煞少數,亦不合理。

五、要有反躬自省的風格:民主政黨原所以為人民爭取自由民主為鵠的,此亦其受人民所愛戴之因。倘一政黨一旦遭受人民反對、攻擊,為人民所不信任,不僅不應自恃功高,存著不可一世的優越感,加人以侮辱謾罵的罪名,尤須反躬自省,多方檢討;是否黨意與實際脫節,抑或是主張為曲解者所中傷?總之,但求能虛心尋得根源,誠心促成民

主，以工作來表現事實，以事實來印證績效，以理論去駁斥曲解，如此則民心所歸，必如眾星拱辰。

總之，民主不是一句時髦的口號，而是一個實際的生活態度，人民「聽其言而信其行」的時代已經過去了，今日人民是要「聽其言而觀其行」。所以徒然高唱民主，並不能取得人民的信仰，事實上民主也不會就此而實現。必須培植民主修養，具備民主風度，以躬行實踐的精神，為民主奮鬥，庶幾乎！才可以把國家引入民主的大道，達到長治久安的光明遠景。

星空下的夜話
——與謝學賢兄的一席話

　　去年，是民主奠基的一年，隨著主客觀環境的改變，外顯的民主意識，激發內隱的民主改革，台灣終於不得不變，這股變的潮流，堂而皇之的爆發以後，其結果就是促成了政府一連串的改革，如解嚴、黨禁、報禁的解除、大陸探親的開放等等。這些行動，不僅使得政治禁錮長達四十年的台灣，露出了些許民主的曙光，也為執政黨贏得了不少掌聲。

　　其實，追源溯流，這股改革的浪潮，與其說是執政黨內部自覺意識的甦醒，倒不如說是黨外力量凝聚的結果。平心而論，台灣這四十年來，由於經濟的繁榮、教育的普及、民智的提昇早已有目共睹。倘若政府仍以剛撤退來台時的那一套政治神話、反共教條來鼓吹宣傳的話，可能不僅迎合不了時代，對執政黨本身亦是一項包袱。因此「窮則變、變則通」，只有認清時代潮流的趨向，循著民主改革的大道邁進，才是台灣今後的唯一正途。

　　所以，對於執政黨的改革措施，筆者無寧是抱持樂觀其成的態度來期盼著。但是就在朝野一片求新求變的氣氛中，曾經有過輝煌歷史的青年黨，卻因黨內的分化對立，弄得滿城風

雨。對於這個一向被人譏諷為「政治花瓶」的政黨，也許沒有多少人去理會其「窩裡反」，也不會有太多人去關注它的動向。但是站在一個青年黨諍友立場的我，睹此現狀，還是有萬般感慨的。

因此，在6月9日晚上，筆者逕自前往座落於新生南路三段的青年黨青委會，與該委會主任謝學賢先生展開一席談。席間談話的重點，圍繞在三個主題上：首先是青年黨的宗旨問題，青年黨之創黨，原本是一群主張國家主義份子，在外有列強欺凌、內有軍閥禍國的情況下集合而成的。彼時，這一批人在巴黎知悉山東臨城土匪孫美瑤劫車案，列強有共管中國鐵路之議，國家正遭逢危急存亡之秋，基於知識份子報國的大義血忱，他們創立了中國青年黨。

青年黨以「外抗強權、內除國賊」為其宗旨，喊出愛國、民主、反共為其號召，揆其初創時，立意並無不善、不妥之處。然物換星移，經歷半個多世紀的滄桑歲月，其意識形態能否適應於台灣目前的政治環境，實大有問題。既有問題又不肯改弦易轍，則青年黨欲在台灣有所作為，不啻是緣木求魚。職是之故，認清了這點，謝學賢表示，其一向認為，政黨的主張，需要與當前國家社會重大問題相結合，如此才能在群眾中引起共鳴，激發迴響。

因此，青年黨宗旨中所談國家主義之精神與民主政治之原則，不能僅流於口號，而必須附加上具有時代意義的詮釋。

例如國家主義必須落實在統一中國的目標及合理可行的大陸政策上；民主政治則又必需落實在各級民意機構是否充分反映民意、發揮制衡功能的問題上。易言之，青年黨若想有所建樹，本身必須徹底拋開舊有包袱，放棄僵化教條，大量培養人才，落實本土化政策，堅持民主改革，如此才有希望。但謝學賢也感慨的表示，由於受到黨內某些保守份子的掣肘，看來青年黨想要振衰起蔽，重新整合，仍有一段艱辛漫長的路要走。

其次是人才斷層的問題，無可諱言，青年黨的人才斷層現象十分嚴重，來台灣這四十多年，青年黨員的成長，不僅老成凋謝，年輕一代黨員的成長率，幾乎停滯，甚至還呈現負成長的可悲現象。探究其因，一則是受到國民黨的分化，造成南北中央所致；再則是組織活動無法展開，老一輩的畏葸苟安，年輕的又因無政治前途而求去。長久下去，黨內非但無新血輪補充，且每況愈下，幾至有退化瓦解之虞。

為了要消弭此一危機，謝學賢以為只有重振黨的生命，提出新穎切實的政治訴求，每個青年黨員亦須自覺到危機的存在，團結一致，自力更生，突破現有政治空間的瓶頸，以海外為起點（例如香港），腳踏實地，一步步的做起。以台灣目前政治禁忌的逐漸解除，政治環境的擴大參與，對青年黨而言，仍是大有可為的。

最後是經費籌措的問題，這些年來青年黨最為人所詬病的，就是每個月支領國民黨給與的兩百六十八萬「反共抗俄宣傳

費」。這筆錢，無庸置疑，對青年黨的實際利益幫助甚大，但是對於一個獨立政黨而言，這是種恥辱，自己黨的經費來源，不出自己身的籌措，而須仰人鼻息，試問，此將黨格置於何處。前一陣子，聽聞李璜主席宣布將不再支領這筆經費，一時曾為之喝采不已。詎料由5月18日《中國時報》披載知悉，青年黨居然欲以領取這筆經費，為其決定誰是黨內正統的依據。想來悲哀，經費居然流為政爭之工具，不僅荒謬，也令人慨嘆。

回想那天聊到這問題時，謝學賢流露的凝重神情，無力之感，想必有其無奈之苦衷吧！當晚雙方歡談甚愉，近午夜時，筆者起身告辭，走出青委會，仰望天際，夜空繁星點點。初夏微風徐來，在人行道上，腦海中不時浮出一個問號？以謝學賢為首的「改革派」，對青年黨而言，是一顆暗夜的明星呢？抑或是子夜中一閃即逝的流星？答案也許在不久就有定論，或也許根本就沒有答案。

■ 期望與等待
──由謝學賢兄選立委談起

　　四十年來，棲息在這塊充滿悲情的島嶼上，我們已被國民黨的教育，教導著有太多的期望與等待。期望是件很美的事，它使人對未來充滿了幻想；同樣的，等待也是一種藝術，它使人在等待中學會忍耐。也因如此，我們一直活在擁有憧憬、懷抱等待的日子裡。可是四十年的物換星移，我們曾在軍事上等待「一年準備、兩年反攻、三年掃蕩、五年成功」的復國壯舉，如今已成為夢幻般的政治囈語。

　　我們也曾醉心擁有一個真正的民主政治及健全的政治制度，我們曾要求社會均富且公平，也曾殷切期盼一個學術獨立、思想自由的教育空間。四十年，一段不算短的時間，我們熱誠的期望，耐心的等待。期望政府朝此目標去做，等待政府給我們一點具體的成績。然而四十寒暑的歲月已逝，髮已蒼白、志已衰頹。我們的期望是否實現？是否有了結果？答案仍是置疑的？為什麼會如此？到底問題的癥結何在？我想有四點原因是不容輕忽的。

一、在政治方面：由於長期政治結構的不合理，以及體制本身的不健全，使得在「一黨獨大」主導的政治運作下，出現

了強人政治權威凌駕民意制衡力量的不合理現象。兼以國會無法有效的新陳代謝，益發形成斷層危機的嚴重性，資深中央民意代表若無法有效的勸退，不僅造成國會本身功能的僵化與癱瘓，真正民意的伸張且會有滯礙難行之弊。

二、在經濟方面：四十年來，台灣在經濟方面的成就，委實有令人驕傲的地方。然而，就在經濟繁榮的表層下，我們的經濟後遺症也亮起了紅燈，舉凡資本主義的弊端，我們都有，而三民主義「均富」的理想，卻只是個遙不可及的美麗口號。貧富懸殊的加劇，衍生了貧者愈貧、富者愈富的財富分配不公之現象。競相追逐財富的投機心理，動搖了中產階級的安定力量，政府保護富者的措施失當，使得貧者走向街頭抗議。既定政策的不合理、陳舊法規的不符時代潮流、官僚的作風、牛步的施為，在在搞得民怨四起。最近「無殼蝸牛」一連串的行動，對針砭我們經濟及社會不公平的現象，豈不是一項最好的例證及說明嗎？

三、在社會方面：當今台灣社會，雖說是處於轉型期的過渡階段，但仔細瞧瞧我們的社會現象，這轉「變」的也未免太快了吧！此「變」非「變化」之義，而是「變態」之意。舉目望去，社會競相逐利的歪風，使得有勤奮民族美名的台灣人，不再腳踏實地的去做事，上下交相利的結果，使得這片唯一的乾淨土地，到處充斥著權、錢、利、力的垃圾。說的嚴重些：「笑貧不笑娼」、「只見一利，不見道

義」已是我們當今社會的──「標籤主義」。復以價值觀念的混淆不清，大家只講「大」、「小」；不說「是」、「非」，不論「黑」、「白」；只辨「藍」、「綠」。社會治安惡化、法律尊嚴破產、公權力不彰，長此惡性循環下去，有朝一日，當我們的社會道德敗壞已極、社會秩序蕩然無存時，那麼國家的遠景也就後果堪虞了。

四、在教育方面：由於長時間受到「黨化」教育的禁錮，這一代的莘莘學子，在他們意氣風發的年代，不是幼稚貪玩，就是沉迷網咖；不是縱情自己、享受人生；便是前途茫茫、不知方向。尤其在升學主義掛帥的指引下，小學生課業沉重、中學生忙於聯考、大學生想著玩樂。台灣的年輕人大多對未來無定向，打工逸樂者多，實心做學問者少。如此教育下來的學生，除了培養一批很會考試的機器外，思想的提昇、學術的尊重恐怕是談不上的。君不見，解嚴後的台灣，表面上各種刊物、雜誌琳瑯滿目，但實際上，真正有水準、有深度、有內涵的又有幾本呢？

上述四點淺見，只不過是在問題叢生、俯拾皆是的當今社會中，所看得出較大的缺失或隱憂。我想很多有心人可能也早已看出，政府也正著手改進預防。但是也許是效果不彰；抑或是進度不夠，我們實已無心期望，也無暇等待了。因此我們亟思有一個好的民意代表，為民請命、為民喉舌。一則可代小市民發抒心聲；再則可督促政府，重視民意、體恤民情、探求

民隱。證諸謝學賢兄以往在立法院的表現，我想他會是個很稱職、很理想的人選，且讓我們期望學賢兄的當選，也等待學賢兄來為我們解決問題吧！

◪◪ 政黨初選「後遺症」之省思

　　最近國民黨與民進黨，提名年底選舉候選人的工作，一直是新聞界矚目的焦點。8月16日，國民黨的提名結果，大致已告塵埃落定。「幾家歡樂幾家愁」的情緒反彈，也紛紛可以從各種報章雜誌及新聞媒體看出。有人揚言不惜退黨、有人乾脆退還黨證，欲加入反對黨陣營、有人宣稱不管結果如何，決定參選到底、有人帶隊北上至中央黨部陳情。

　　這種種五花八門的行動，雖不無為自己掙得「最後出線」的動機，但檢討整個國民黨初選的作業過程，卻有若干瑕疵與隱憂存在。依筆者個人淺見，有四點現象是值得注意商榷的。

一、選區規劃是否合宜？平情而論，國民黨此次選舉，對選區之規劃，格局往往是衝著反對黨，尤其是民進黨而來的。在如此的前提下，規劃選區後，所推出之人選，是否符合原選區之民意，實大有問題。以前一陣子李慶華宣佈參加台北市南區立委黨內初選為例，旋即引發同選區另外兩位候選人朱新民與王應傑的抨擊，最後使得李慶華不得不退出黨內初選。可見李慶華之退出，雖說係受「權貴子弟」盛名之累，然選區之規劃與候選人之配合是否合宜，實有斟酌之餘地。

二、規劃人選是否得當？雖然國民黨一直信誓旦旦強調，黨內初選一向秉持公正、公平、公開之原則，絕無預先規劃內定之人選。但由初選前之勸退台中市長張子源及新竹市長任富勇看來，黨內實已規劃人選。以筆者故鄉澎湖縣為例，初選結果，投票率高達百分之六十以上，明明現任縣長歐堅壯以六十幾票擊敗規劃人選王乾同，但國民黨最終的提名人選，澎湖縣仍是王乾同。如此行徑，置初選精神於何在？視黨員意志為何物？還要教黨員服從「黨紀」、不要反彈，簡直有點荒謬。

三、初選制度是否公平？國民黨舉辦初選之目的，本來是想透過黨員對候選人之選舉，提供中央決策單位，作一提名依據的重要評估標準。揆其原意，不僅無可厚非，且深具民主精神。但因規劃人選之說甚囂塵上，指定投票、組織動員、支持特定人選之舉時有所聞，使得黨員不能行使自由意志投票、民意基礎遭漠視，徒具形式，缺乏內涵。如此初選，黨員之反彈，候選人之違紀，也就不足為奇了。

四、黨德、黨紀鬆弛散漫，一個政黨生存之條件，除了黨員外，黨德、黨綱、黨紀三者缺一不可。黨德者：維繫黨員之信仰；黨綱者：標示政黨之宗旨；黨紀者：約束黨員之行為。由於四十年來，台灣社會變遷快速，在功利主義彌漫下，黨與黨員之關係，恆常維繫在利益的互動之上，而置黨德、黨紀於不顧。俗話說：「上樑不正下樑歪」，黨

部既以利誘黨員，黨員當然亦報以利害。然維繫於利益之臍帶是很脆弱的，有朝一日，利益起了衝突，各種脫黨、退黨、示威、遊行、抗議、違紀的把戲也就層出不窮。證諸此次初選後之黨員反彈，我想國民黨及其黨員們，是該好好反省了。

上述四點拙見，實因最近一連串選舉「後遺症」之反思，欲期望我們國家早日臻於民主自由之境，我想一個公正、公平、和諧、乾淨的選舉空間是很重要的，深盼政府與執政黨，應及早拿出辦法來正視此一問題。

■■ 該是反省的時候了！

　　四十年來，台灣社會安定，經濟繁榮，國民平均所得目前已高達五千美元，在亞洲為蓬勃的四小龍之一，在世界亦有舉足輕重的經濟實力。這些令人羨慕耀眼的成就，其背後的因素為何？乃是因為我們的農業政策成功。政府自從遷台以來，實施一連串的土地改革，從「三七五減租」、「公地放領」到「耕者有其田」，這些改革使得飽受戰火摧殘的台灣農村，由瘡痍而至復甦，由蕭條而到繁盛。

　　農業改革的成功，促進了工商業的發展，工商業的起飛，帶動了經濟的成長，與國民生活水準的提高。這一切的一切，都是因為有安定的農村，才有健全的環境，環境的安定，提供了政治鞏固的基礎，也才有今日的繁華興盛。回顧這四十年的奮鬥過程，我們感謝政府的德澤，但我們更感激這批奠定台灣經濟基礎的農民同胞。

　　然而就在昨天，5月20日，台北市爆發了近年來規模最大、衝突最激烈的街頭暴力事件。三千多名農民，上街請願，到立法院陳情與警方對峙而發生了嚴重的衝突。導致了警民雙方的流血，憤怒的群眾，不顧警方的取締鎮壓，欲強行闖關，結果產生了國家最高立法殿堂的招牌被拆，警政署遭到包圍。在失

控的情況下，霎時木棒石頭齊飛，掛彩的血流滿面，送醫的痛聲哀號，水柱擎天而灑。

被抓的沿途咆哮，記者被圍毆，無辜民眾受波及，交通阻塞、公物搗毀，放火燒車，玻璃砸碎，整個台北頓時形成暴民世界，長達三十多小時的對峙，交織成令人最痛心的夢魘。但是在這令人難忘的混亂中，我們不禁要問：是誰使得這些憨厚純樸的農民走向街頭，在血跡斑斑的烙印中，是誰使這些民眾失去理性而演出了血腥衝突，傷痛之餘，該是檢討的時候了！

從這次的事件中，我以為至少有三點值得吾人痛定思痛。首先是政府不應將其視為一種政治訴求活動，昨天的示威遊行，很明顯的是承襲上個月反對美國火雞肉進口的活動；換言之，它是一種以民生問題為導向的請願活動，而不是什麼政治訴求活動。不可否認，這些群眾中是有些有心份子摻雜在裡頭，但整個活動的主體是農民，這點政府應該搞清楚，而不要避重就輕，推卸責任。

其實，冰凍三尺，非一日之寒，政府這些年來，由於受到美方壓力，在稻米、水果、蔬菜等方面，屢屢向美方讓步，固然說政府有其通盤性考慮、整體性計畫，但穀賤傷農，在長期忽視農民的權益下，這股怒火怨氣早已蓄勢待發。祇要政府有誠意解決，此危機並非不能避免，就像前一陣子在省府所在地中興新村，養雞戶以一粒雞蛋一塊錢拋售，一粒雞蛋基本價格一點四元，今養雞戶以賠四角廉售，內心之悲憤早已不言可喻。

　　但是有關單位仍是顢頇無知，不曉得這危機紅燈的警覺。5月20日，一場忍無可忍的街頭運動終於展開。所以說，對於這次的不幸事件，我以為政府應該坦然接受事實，正視問題癥結之所在，不可一味再以敷衍、官僚、推拖的鴕鳥態度來處理。

　　其次是社會脫序現象，隨著社會日趨開放，昔日的政治禁忌逐漸鬆綁，兼以往昔政府行政效率的低落，使得政府的公信力、公權力不彰，揆其原因，乃是政府咎由自取。政府政策的施行，很多總不離推、拖、拉，尤其是和民眾關係最密切的各縣市地方政府，為民服務態度之惡劣、官僚氣息之濃厚，實令人瞠目結舌，民眾有事向政府反應，不是沒下文，就是不了了之。

　　職是之故，祇有走上街頭，直接向中央陳情。這一兩年來，民眾發現只要有街頭自力救濟運動，其結果總是快而有效。就在這種觀念誤導下，成了惡性循環，一有事，唯一解決之道，即訴諸街頭遊行，在這樣的非理性心態下，政府與民眾的溝通管道實有重新檢討的必要。我們的地方政府到底為人民做了些什麼？比方這次的事件，我們的農會是否發揮其應有的功能，還是擺擺門面算了！

　　最後我們要沈痛的呼籲，民眾已非昔日的吳下阿蒙，任何非理性的暴力事件，其結果不僅達不到目的，也終將遭到唾棄。今天我們只有以和平、理性、改革、穩健的手法去做，台灣才有前途。否則四十年來好不容易奠下的基礎，毀於一旦，

實非朝野之福，亦非人民之幸。在療傷裹痛之餘，是大家該冷
靜反省的時候了。

■■ 華夏的子民啊！苦難了近百年還不夠嗎？

當轟隆隆的坦克輾過屍首，當滴答答的子彈掃射腰際，6月4日的中國大陸，將是沒有太陽的日子，陽光隱沒了、希望幻滅了。追求民主的鮮血汩汩的流著、渴望自由的淚潸潸淌下，中國人的夢魘，歷史上最醜陋可恥的一齣戲，正在天安門前上演著。極權的殘暴正搗毀民主的殿堂、血腥的鎮壓正撕裂自由的女神，全中國同聲一哭的日子，淚海汪洋，全炎黃子民痛心疾首的血沸騰澎湃。

華夏的子民啊！苦難了百餘年還不夠嗎？龍族的孤兒啊！悲劇延續的還不夠長嗎？這一天，全中國都不會忘記的日子；全中國同仇敵愾的一天。歷史將會給與獨裁者最後的懲罰，歷史將會牢記烙印劊子手慘絕人寰的滔天罪行。中共殘民以逞的做法，已敲響了共產黨的喪鐘，已挖掘了自己的墳墓。

打開歷史，「得民者昌，失民者亡」的歷史鐵則，屢試不爽。古今中外，凡是以高壓極權統治人民的政權，沒有一個不是在人民的抗暴中垮台。陳勝、吳廣的揭竿起義，不就是活生生的教訓。贏秦當政，國威不能說不強、氣勢不可謂不盛。然

倒行逆施，殘暴不仁，終享國祚不到十五年而亡。今日中共之
種種暴行，其暴虐之程度，較之嬴秦，不知超過幾許。這樣的
政權還能苟延殘喘多久，也就不言而喻了。不過在情感的聲討
之後，對於這次持續長達一個多月的「天安門事件」，個人有
如下的幾點省思：

第一、從中共強力鎮壓學生運動的做法看來，中共偽裝和
平的假象，已一覽無遺的暴露出其猙獰殘暴的真實面孔。因此
對於這邊的我們，絕對不可再對中共存有任何絲毫的幻想，因
為中共的本質即係如此。同時如果我們天真到以為中共可以和
我們和平相處，甚至可以允許台灣獨立，這些都是緣木求魚不
切實際的夢囈。中共早就揚言，如果台灣一旦獨立，將不惜以
任何手段來攻打台灣、解放台灣。

而從這次中共血洗天安門的屠殺行為看來，這話並不是虛
聲恫嚇，因為在共產黨的字典裡，沒有「不可能」這三個字，
其對自己栽培的高級知識份子──大學生尚且如此，更何況對
於和其敵峙四十年的我們呢？因此這次的血腥鎮壓，我希望對
於島內少數有台獨傾向的人士，能有當頭棒喝的猛省作用。

第二、綜觀這次的天安門遊行示威活動，學生訴求的目
的，只不過是身為人類最基本的人權──自由民主。但是民主
何辜？自由何價？難道要民主、要自由也有錯嗎？這是歷史的
諷刺又再一次嘲弄我們。殊不知，民主自由的制度，正是共產
黨極權最大的致命傷，因為它若答應學生的要求，整個中共政

權的政治體制勢必動搖，甚至瓦解。而如此一來，共產黨也就不成其為共產黨了。

兼以既得政治利益的當權者，死抓著權力不放，在內有改革掣肘，外有學生要求的情況下，為保住政權，索性只有蠻幹到底，而一不做二不休了。因此對中共的動武，其實早在預料之中，但中共表面上似乎一時得逞，然而並沒有贏得勝利。真正的勝利反而是學生，因為這次的爭民主、爭自由學生運動，不是來自一小撮的學生自發運動，也不是侷限在北京一小區域的抗議行動，它是來自全中國大陸，包括士農工商各個階層團體。

換言之，它不是一次純粹知識份子的請願活動，而是全中國各個階層的自覺運動，甚至是所有海內外全體中國人的團結行動，其情況就如同滿清末年般。因此雖然中共用槍桿子暫時壓抑下這股浪潮，但民主的火苗，早已在全中國人的內心熊熊燃燒。總有一天，這股深植人心的爭民主、爭自由火種將再燃起，而那時候，也將是燒燬中共政權的時候了。

第三、以往中共所誇耀的「中國人民解放軍」，是服從黨中央、効忠「政府」的最有力後盾。但根據種種跡象顯示，此次的鎮壓行動，中共的各個軍區反應不一，意見也相當紛歧，甚至傳言各個軍區，也有因對學生用武的立場不同，而雙方互鬥開火。這項傳言雖未經證實，但可能性相當的高。不管怎樣，中共高層的權力鬥爭，已影響到軍隊間彼此的不合。從螢

光幕上，我們可以看出部隊士氣之低落是有目共睹的。如果中共保守頑固份子，仍一昧迷信武力萬能、槍桿子出政權，或許大規模的內戰，就迫在眉睫。

果真如此，與其說這是中國的浩劫，無寧說是一項轉機，一項推翻共產極權暴政的契機。吾人正處於歷史的轉捩點上，對於「天安門事件」後的可能變局，我們不能不投以極大的關注與應變。

第四、因應這次大陸的民主抗暴，我們在海峽的這端能做什麼呢？捐錢、捐血、喊口號、唱愛國歌曲、絕食、靜坐等固然都是方法，但是最有效的方法，仍莫過於加速民主腳步、落實民主憲政。時值執政黨「二中全會」過後，吾人衷心希冀執政黨能以更有擔當的魄力，把自由民主的台灣經驗，輸送到大陸去，和大陸上萬千企盼民主自由的心相結合、相激盪。

這條路，表面上看來是迂迴的、遲緩的，但卻是最實際、最有效的。此外，由這次全國人民對聲援大陸同胞的行動看來，我們仍是相當感動的。畢竟血濃於水的民族情感是割捨不斷的，我們對大陸同胞的真摯情感，再也不像昔日唐山大地震、興安嶺大火般的冷漠及事不關己，因為民主自由關係著中國前途，誰又能自絕於局外呢？

天安門依舊腥風血雨，北京城依然愁雲慘霧，黃河在哭泣，長城在低訴。為何在這片秋海棠的土地上，仍開不出自由之花、民主的果呢？難道中國人就永遠只配生活在專制獨裁下

嗎？多少歷史的迷思，曾在心中翻攪。如今，中國人覺醒了、巨龍睜亮了眼睛，他們不甘再受宰割、再受奴役。中國人呀！20世紀的人海孤兒呀！請擦乾眼淚，這是歷史上最覺悟的一天，且讓我們記住這一天，以血還血。相信在不久的將來，民主自由的花朵，將遍開神州，民主自由的浪潮，必將淹滅中共政權。

黎明前的黑夜，總是漫長的，但追求民主的心、渴望自由的願，終將在天安門前勝利。且讓我們拭目以待，天安門前的英靈，你們的血不會白流，歷史將給與你們最崇高的評價。

❖❖ 淺談我國當今務實外交

　　任何一個國家的對外關係，都有一個基本理念，俾作為實際行動的指標。是以，外交理念乃為行動之主宰，沒有理念，行動就不能達成本國最高與最大利益。但外交理念並非一成不變，它會隨時空環境影響而改變其內容。國府遷台迄今，外交理念曾歷經數變，五〇——七〇年代，基於正統性意理所發展出來的理念，在外交指導原則上，即形成所謂的「漢賊不兩立」的立場，這種立場使得我國在外交活動上，若他國與中共建交，我國即與之斷交。

　　但如吾人所見，這種外交政策最後導致我國在國際社會上日益孤立。故自八〇年代後，我國改採不主動撤館或以實質外交替代，即在斷交國設立替代的辦事機構，繼續保持關係。又民國68年後，我國政府有感於開拓國外市場之需要，乃決定「政經分離」策略，即與我國向來不來往之國家，發展間接或直接通商貿易，這項政策在當時對東歐的拓展商務關係上，無可諱言，是相當成功的。所以八〇年代後，我國在對外的外交政策上，逐漸發展到更實際的務實外交。

　　所謂務實外交，是指非以意識形態來決定外交活動，而以考慮實際的利害關係作為對外行動之方針。務實外交即是以

獲取本國最大利益作為考量之基準，不受意識形態之束縛。因此，務實外交替我國延伸了不少的外交空間，成為我國目前外交的主要指導原則。

外交部長錢復曾說：「務實外交是以認真、負責任的態度來維護現有的外交與實質對外關係，開拓新的對外關係，爭取對國際社會活動及國際組織的參與」。「務實外交是進取的，並具有選擇性以及強烈的競爭精神」。這種「取其上」（Why not the best？）與「創新」的精神，即我們外交的「未來導向」（future orientated），良以我們正面臨一個由「量變」轉向「質變」的時代。

在務實外交上，首先是外交心理的建設與外交觀念的突破。在外交心理上，我們必須求新求變以迎頭趕上，並儘速自我調適；在外交觀念上，我們必須推陳出新，果敢地把那些妨礙進步，似是而非的論調予以鏟除。什麼「多做多錯、少做少錯、不做不錯」、「以不變應萬變」、「弱國無外交」等陳腐觀念宜拋棄，取而代之以「不做才錯」、「唯弱國才需外交」、「進攻才是最佳的防禦」等建設性新觀念。

使直接間接從事務實外交的人士，激揚起一股積極、革新、進取、大無畏的勇氣，全力投入務實外交，作為務實外交的後盾與精神堡壘。革命必先「革心」，在當前國際情勢千變萬化之時，我們必須力求積極心理的建設與創新觀念的突破，在不違背基本國策的大原則下，以務實外交突破我國目前的外交困境。

依據《韋氏大字典》的解釋，「外交」（Diplomacy）就是「國與國間進行談判以達到彼此滿意條件的藝術與運作」（The art and practice of conducting negociations between nations for attaivement of mutually satisfactory terms）。英國也有一句話：「Take the rough with the smooth」，含有「逆來順受」，以柔克剛之意。

基於《韋氏大字典》的定義，外交是一項藝術，既是藝術而非科學，遂無常規可循。基本上，外交本身已包含「變」的因素，具有「彈性」本質。其方式可剛可柔或剛柔並用、或先剛後柔或先柔後剛，亦可進可退或以退為進，其過程或直接或迂迴，其手法與伎倆更可變化無窮，唯求達到目的而已。外交猶若戰場，有時亦可「兵不厭詐」，當然最好是「不戰而屈人之兵」。外交亦如繪畫，須經過構思、佈局，和錯綜複雜的過程處理，才能達到一幅完美、悅目、彩色協調的畫面，也就是外交所企求能達到的，使雙方或多方（多邊關係）均能滿意的目標。

證諸李總統到新加坡訪問、前財政部長郭婉容以「中華台北」名義至北京參加「亞銀」年會、體育代表隊以「中華台北」模式，參加在北京舉行的「亞運」；以及我國以「台澎金馬關稅領域」名義申請加入「關稅暨貿易總協定」（GATT）、和最近我國與波羅的海三小國之一的拉脫維亞，建立總領事級

外交關係等舉動看來，我國外交目前的務實做法，確已將外交外的藝術化予以充分發揮。

事實上，務實外交的背後，實含有一套「務實外交文化」。自從李總統在去年8月間，以執政黨主席身分，在革命實踐研究院以「從不確定的時期到務實時期」為題，引用哈佛大學經濟學教授加布雷斯（Galbraith）所著《務實的時代》（The Age of Pragmatism）一書，對務實外交的做法，已作了若干具體的啟示。此具體的啟示，簡單的說，即是指出「深植國力，廣結善緣」、「在主觀與客觀的條件上，使中共不得不與我在中國的統一上作和平的競爭」、「重視資訊的蒐集」、「重返國際組織」等原則，為我們務實外交當前的重點工作。

務實外交是我國在國際強權政治與現實政治壓力之下，所自然衍生的產物，是海峽兩岸在完成統一前的過渡性適應舉措，也可以說是兼具剛性與柔性的外交攻勢策略，對中共刻意孤立我們的正當防衛與反制措施。民國60年，我國退出聯合國，中共取代我們的席次。其後，我們又先後經歷了中、日斷交和中、美斷交；以及眾多其他國家的斷交衝擊，我們遭遇了中共在國際間不斷對我施壓和刻意孤立我們的企圖。

但是我們並沒有倒下去，我們始終屹立不搖，而且愈挫愈勇，堅忍不拔，在國際間能善自適應，推演出一套生存的辦法。中華民國除了與二十九個國家維持正式的外交關係外，並在

五十個無邦交國間，設立了具備與大使館或總領事館同等功能的四十八個代表處及二十九個辦事處。我們是世界上第十三大貿易國，我們的外匯存底居世界第二位，這張漂亮的成績單，即是實施務實外交的成果。

其實我們推展務實外交，不僅是要突破中共在國際間對我們的外交封鎖，更有達成中國統一的目標，而此一目標的最高指導原則乃是「國統綱領」。誠如外交部章孝嚴次長所表示的，海峽兩岸在國際上應該互相尊重而非互相排斥，兩岸並應進一步彼此協助以參與國際組織及國際活動，我們竭誠希望中共對此有所憬悟。我們搞務實外交，不是在搞「兩個中國」或「一中一台」的分裂國土行為，而是在促進中國統一的早日實現。

「近代中國海防國際研討會」紀實

　　由香港中文大學歷史系、浸會大學歷史系、嶺南學院中文系以及香港中國近代史學會所合辦的「近代中國海防國際研討會」，於1998年6月18、19兩日，假香港浸會大學與香港中文大學兩處隆重召開。此次研討，主辦單位邀請來自大陸、台灣、美國、港澳等地區的學者專家約四十餘人同來共襄盛舉，大家齊聚香江，為探討近代中國海防問題，彼此開誠佈公，進行溝通了解與交換意見。

　　兩天會議期間，共宣讀論文三十八篇。6月18日，論文宣讀場地為浸會大學逸夫校園林護國際會議中心209室；6月19日，則安排在香港中文大學行政樓祖堯會議廳舉行。會議期間，與會者討論尚稱熱烈，發言亦十分踴躍。現依其議程安排，簡介如下：開幕典禮（6月18日上午），致開幕詞：陳坤耀（香港嶺南學院校長）、致開幕詞：陳學霖（香港中文大學歷史系系主任）、致歡迎詞：周佳榮（香港浸會大學歷史系系主任）。

一、第1組──海防思想（1）（6月18日上午）：由香港中文大學歷史系主任陳學霖教授主持。1.林仁川（廈門大學台灣研究所）：〈明清時期兩種海防思想的爭論〉。2.馬楚堅（香港大學中文系）：〈清初海防發展路向及其章縫思想〉。

3.戚其章（山東社會科學院歷史研究所）：〈晚清海防思想的發展及其歷史地位〉。4.林慶元（福建師範大學歷史系）：〈近代海權思想的萌芽〉。評論：湯開建（暨南大學歷史系）、張力（中央研究院近代史研究所）。

二、第2組——海防思想（2）（6月18日上午）：由香港歷史博物館丁新豹先生主持。1.羅天佑、方駿（香港教育學院社會系）：〈鄭若曾的海防思想〉。2.馮錦榮（香港大學中文系）：〈近代中日海防思想試論——以魏源、徐繼畬、林子平、佐久間象山為例〉。3.蕭國健（香港珠海書院中文系）：〈楊琳與清初粵東海防政策〉。4.陳文源（暨南大學中國文化史籍研究所）：〈《廣東海防匯覽》研究〉。評論：趙雨樂（香港公開大學人文與社會科學部）、林慶元（福建師範大學歷史系）。

三、第3組——海防思想（3）（6月18日下午）：由香港樹仁學院歷史系余炎光教授主持。1.林啟彥（香港浸會大學歷史系）：〈王韜的海防思想〉。2.劉義章（香港中文大學歷史系）：〈薛福成的海防思想及其運用〉。3.周佳榮（香港浸會大學歷史系）：〈19世紀中國外交官論香港在海防上的重要性〉。4.徐有威（上海紡織大學社會科學系）：〈力行社之海防思想初探〉。評論：戚其章（山東社會科學院）、侯杰（天津南開大學歷史系）。

四、第4組——海防經濟（6月18日下午）：由香港珠海書院亞洲研究中心李谷城教授主持。1.李金明（廈門大學南洋研究所）：〈16世紀中國海外貿易的發展與漳州月港的崛起〉。2.黃國盛（福建師範大學歷史系）：〈清代前期的海關口岸與內外貿易〉。3.劉正剛（暨南大學歷史系）：〈康熙海防與廣東海洋經濟〉。4.麥勁生（香港浸會大學歷史系）：〈18－19世紀德國商人在中國沿海的活動〉。5.李木妙（香港新亞研究所）：〈早期中美的貿易發展（1784－1860）〉。評論：游子安（香港中文大學通識教育部）、李培德（香港大學亞洲研究中心）。

五、第5組——海軍與海防（1）（6月19日上午）：由香港公開大學人文及社會科學院So Wai Chor教授主持。1. David Pong（Department of History University of Delaware）"China's Modern Navy and Concepts of Naval Warfare"。2. Jane Kate Leonard（Department of History University of Akron）"Riding the Black Ocean Waves to Power and Profit：Qing Innovations in Ocean Communications in the Early Eighteenth Century"。3. Leung Pak Wah（Department of Asian Studies Seton Hall University）"Prelude to War：China's Crisis with Japan over Liu-chiu"。4. Yik-yi Chu（Department of History Hong Kong Baptist University）"Taiwan and the Development of the

Cold War in Asia,1950-1952"。評論：Adam Yuen-chung Lui
（Department of History ,The University of Hong Kong ）。
Gilbert F,Chan（Department of Social Studies, Hong Kong
Institute of Education）。

六、第6組——海軍與海防（2）（6月19日上午）：由香港大學
歷史系呂元驄教授主持。1.湯開建（暨南大學歷史系）：
〈明代潮州海防考述〉。2.陳正茂（台北光武技術學院）：
〈明代澎湖群島海防地位之探討〉。3.張偉國（香港公開
大學人文及社會科學部）：〈明清時期長卷式沿海地圖述
論〉。4.譚志強（珠海書院文史研究所）：〈澳門的炮台與
堡壘〉。評論：楊彥杰（福建社會科學院）、劉石吉（中
央研究院中山人文與社會科學研究所）。

七、第7組——海軍與海防（3）（6月19日上午）：由香港浸會
大學歷史系周佳榮教授主持。1.楊志本（中國海軍百科全書
編輯部）：〈近代中國海軍興衰〉。2.王家儉（國立台灣師
範大學歷史系）：〈清代的綠營水師〉。3.葉芳麒（福州師
專）：〈葉祖珪與北洋海軍〉。4.高曉星（海軍指揮學院中
國海軍史陳列館）：〈抗爭與雪恥——中國海軍對日抗戰
和受降述評〉。5.劉景泉（南開大學宣傳部）：〈李鴻章與
旅順軍港的創建〉。

八、第8組——海軍與海防（4）（6月19日下午）：由香港中文
大學歷史系吳倫霓霞教授主持。1.李志剛（香港信義宗神學

院）：〈赫德與晚清海軍建立之探討〉。2.葉國洪（香港浸會大學教育學系）：〈清末自製現代化船艦理想的幻滅——福州船廠毀於中法戰爭？〉。3.馬幼垣（香港嶺南學院中文系）：〈甲午戰爭期間李鴻章謀速購外艦始末〉4.李金強（香港浸會大學歷史系）：〈晚清十年海軍重建之籌議（1901－1911）〉。評論：何佩然（香港中文大學歷史系）、劉智鵬（香港嶺南學院通識教育部）。

九、第9組——海軍與海防（5）（6月19日下午）：由中央研究院近代史研究所、浸會大學林思齊東西學術交流研究所張壽安教授主持。1.曾金蘭（中央研究院近代史研究所）：〈試論武漢會戰前的長江佈雷阻塞戰〉。2.張力（中央研究院近代史研究所）：〈1940年代英美援華與中國海軍重建之再探〉。3.老冠祥（香港珠海書院文史研究所）：〈李世甲率中國海軍參與光復台灣的經過和意義〉。4.吳守成（海軍軍官校）：〈中國海軍航空事業的發軔〉。評論：馬幼垣（香港嶺南學院中文系）、姚開陽（中國軍艦博物館）。

總結：（6月19日下午），戚其章（山東社會科學院歷史研究所）、馬幼垣（香港嶺南學院中文系）、李金強（香港中國近代史學會）。

此次研討會除宣讀上述三十餘篇論文外，有幾項特色是值得肯定的。

（1）這次研討會可謂為香港歷史學界，不分各校畛域，攜手合辦成功的一個良好範例，對香港史學界有其特殊之意義。

（2）主辦單位為使這次的研討會辦的更有聲有色，特別備有中國近代海軍軍艦照片展示及說明，展示照片約四百餘張，均為難得一見的珍品。經由中國軍艦（網路）博物館負責人姚開陽先生詳實精闢的講解，將晚清迄於1949年之中國近代海軍軍艦，透過幻燈放映呈現於眼簾，不啻為一部近代中國海軍建軍之縮影，令與會學者深感獲益良多，且印象深刻。

（3）為配合這次研討會的召開，主辦單位亦假開會地點──香港浸會大學林護國際會議中心大堂，由香港歷史博物館提供，舉行香港海防博物館藏品展，為期一週（6月15－21日），招待各界人士自由參觀，頗富歷史價值。而更難能可貴的是於研討會結束後，6月20日上午，又鄭重邀請與會學者專家，驅車前往鯉魚門炮台及尖沙咀香港歷史博物館參觀，不僅使本次研討會增色不少，也讓理論與歷史相結合、相印證。

　　當然，此次研討會也有若干缺失值得檢討，首先為主辦單位事先籌劃的不夠周詳，導致有論文發表者當天才完稿交與大會，如此不僅與會者未能先睹為快，更苦了評論者，因時間急迫，而無暇詳細做一客觀完整的評論。其次是有不少學者缺席，致使第7組會議，完全由他人代讀論文，也無評論，誠為美

中不足之處。然瑕不掩瑜，總的說來，此次的研討會仍是個成功的會議。

十年辛苦不尋常
──「中國青年黨史料叢刊」序言

一、「中青」成立簡介

民國12年12月2日，於法國巴黎成立的中國青年黨（以下簡稱「中青」），在民國政黨及政治史上，無疑有其一定的歷史地位。「中青」的前身，最早可追溯至五四時代的「少年中國學會」之國家主義派，其後由於山東臨城劫案的發生，引起國際共管中國鐵路之議；兼以旅歐中共黨團的興起，為謀與之對抗，乃由曾琦聯合旅歐愛國青年如李璜、何魯之、胡國偉、張子柱等人，於巴黎近郊之玫瑰城共和街所發起。其成立宗旨為：「本國家主義之精神，採全民革命的手段，以外抗強權，力爭中華民國之獨立與自由；內除國賊，建設全民福利的國家」。

二、重要經過階段（含主要代表刊物）

「中青」成立於民國12年，迄今已屆七十年，此七十年中經過之歷程，約可分為十個階段，茲略敘於下：

（一）海外建黨時期：從建黨日起，到民國13年10月10日，《醒獅週報》在國內出刊止。「中青」甫告成立，隨即與中共在歐洲展開激烈之鬥爭，雙方初以言辭展開唇槍舌戰，後且演成流血衝突之爭。故謂「中青」為中國最早之反共團體實不為過，此時期最具代表性的刊物為《先聲週報》。

（二）擴大宣傳及統一組織時期：從《醒獅週報》創刊起，至民國14年10月10日發表〈中國國家主義青年團宣言〉主張及簡約止。隨著國內外環境形勢的劇變，民國13年起，「中青」黨務由海外轉移至國內，是年10月，「中青」於上海創辦《醒獅週報》為言論之機關。該刊之立論，主要在闡述國家主義之理論；兼亦嚴厲批判中國國民黨「聯俄容共」政策之非。於此期間，「中青」雖然遭受國、共兩黨之夾擊，但仍能吸收廣大優秀之知識青年，黨務拓展甚速，茁壯亦快。

（三）反對聯俄容共及外人干涉中國政治教育時期：從民國14年「五卅運動」起，迄於民國16年7月，第二次全國代表大會前止。此期間主要工作為極力糾正中國國民黨「聯俄容共」之謬誤，及提倡國家主義的教育，最終目標則希望收回外人在中國之教育權，表現刊物除《醒獅週報》外，尚有與「中青」關係頗深的《中華教育界》。

（四）反對一黨專政為民主政治奮鬥時期：從民國16年第二次全國代表大會起，到民國20年「9‧18事變」前止。北伐

統一後，中國國民黨主張訓政，高唱「黨外無黨，黨內無派」，「中青」深以此舉不符合民主政治原則，故反對中國國民黨的一黨專政及堅持民主政治之決心，此時期的主要代表刊物為《新路》雜誌。

（五）單獨抗日運動時期：從「9‧18事變」起，至民國24年7月苗可秀殉國死難止。為「中青」提倡「野戰抗日」，組織義勇軍單獨抗日時期，主要代表刊物則為陳啟天所創辦的《民聲週報》。

（六）精誠團結及擁護抗戰時期：從苗可秀死難後起，到民國27年9月，發表第九次全國代表大會宣言止。「7‧7」變起，「中青」體會到國難方殷，各黨派宜捐棄成見，共赴國難。故由左舜生主動致函中國國民黨總裁蔣中正，取得諒解，不分朝野，精誠團結，共同抗日。此時期的主要立論刊物有《國論月刊》、《國論週刊》、《國防線半月刊》及《國光旬刊》等多種。

（七）促進憲政運動時期：從民國27年7月第一次「國民參政會」召集起，到民國35年1月「政治協商會議」揭幕止。八年抗戰，「中青」始終與政府同甘共苦，一面協助政府抗戰到底；一面在抗戰中推進民主。此時期的主要刊物除《新中國日報》外，重要的有《國論半月刊》、《中青半月刊》和《民憲半月刊》。

（八）調停國共衝突促進全國和平時期：從民國34年6月左舜生等六參政員訪問延安起，到「政治協商會議」開幕以後。時值抗戰甫結束，國、共內戰卻有一觸即發之勢，然全國人心望治，「中青」以第三方面之身分，負起為調解國、共衝突而努力，惜功敗垂成。此時期的主要刊物有《青年生活半月刊》及《青年中國週報》。

（九）共同擔負國事時期：從民國35年11月參加制憲國大起，至民國38年大陸淪陷止。此時期國、共內戰已起，中共竊國之心已露，政府一來需要戡亂；再來欲推行憲政，還政於民。處此艱困時期，「中青」始終扮演與政府共進退的角色，為反共戡亂謀劃獻策，貢獻不小。此時期的主要刊物除《中華時報》外，尚有《中國評論月刊》及《風雲半月刊》。

（十）遷台反共時期：從民國38年12月政府遷台迄今，「中青」一則不幸發生黨內分裂；再則仍善盡在野黨職責，監督政府，維護憲法，貫徹反共國策，屬行民主法治制度。此時期的主要刊物，在香港有《自由陣線》、《聯合評論》；在台灣則有《青年台灣》、《民主潮》和《新中國評論》等。

三、蒐集經緯始末

編者為已故「中青」史學家沈雲龍先生之門生，早在「政大」求學時，即對「中青」產生研究興趣。茲因彼時資料有限，故碩士論文乃以〈少年中國學會之研究〉為題，雖非直接研究「中青」，但仍與「中青」略有淵源。雲龍師仙逝後，編者不僅沒有遠離「中青」，反而承蒙諸多「中青」前輩友人之提攜鼓勵，其中尤以李璜先生的知遇之恩，更令編者感激不已。職是之故，承李璜之託，編者一方面蒐集曾琦文章，欲編纂《曾琦先生文集》（現已由中研院近史所編印中）；再方面亦處處留心「中青」史料。

初時因兩岸學術交流尚未開放，故所獲有限，其後兩岸學術交流頻繁，成果遂頗為豐碩。其故何在？緣因「中青」追隨政府來台之際，諸多大陸時期之重要史料文獻均未及攜出，全部留在大陸，而港、台、美、日各地，平情而論，存有「中青」原始史料鮮少。幸編者因緣際會，兩岸大通後，方有此便利，蒐集不少資料，而解決史料闕如之難題。

經編者窮數年之力，復承甚多國內外友好之鼎力相助，編者現已蒐集之「中青」史料，計有《先聲週報》、《醒獅週報》、《新路雜誌》、《民聲週報》、《國論月刊》、《國論週刊》、《國光旬刊》、《國論半月刊》、《民憲半月刊》、《青年生活半月刊》、《青年中國週報》、《中國評論月刊》、

《青年台灣週刊》、《風雲半月刊》、《剷共半月刊》、《國防線半月刊》、《中青半月刊》、《國魂週刊》、《時代文學半月刊》、《探海燈週報》、《自由陣線週刊》、《聯合評論週刊》、《民主潮半月刊》、《新中國評論月刊》、《現代國家月刊》、《民主國家半月刊》、《全民半月刊》等。

其中除民國38年來台後之刊物較易尋獲外，其餘大體上均甚難於國內和大圖書館覓得。因此，編者遂透過各種管道從大陸北京圖書館、北京大學圖書館、四川成都圖書館、中國人民大學圖書館、江蘇無錫圖書館、南京大學圖書館、美國國會圖書館、哥倫比亞大學東亞圖書館、史丹佛大學胡佛圖書室等地蒐集而來。

綜觀「中青」七十年的歷史，可謂集愛國、民主、反共於一身。就身為在野黨立場而言，不愧為中國國民黨之諍友；就對國家而言，患難與共，耿耿孤忠。以如此的一個政黨，奇怪的是國人對其瞭解的不多，研究者亦少。有人只知譏其為「政治花瓶」；有人諷之以「泡沫政黨」；甚且有人還誤以為，其乃近年在台成立之小黨。就在編者數度前往大陸蒐集資料，目睹大陸研究民主黨派（包括「中青」）甚為興盛的今天，國人對「中青」及在野黨派瞭解之淺薄，實讓人感慨萬千！正因如此，才讓編者發憤欲蒐羅「中青」原始史料，編纂成冊，以供國人研究參考之願，此乃編者蒐集「中青」史料之經緯梗概及心路歷程也。

四、編輯綱要

　　國人對「中青」瞭解之淺薄，緣於所知「中青」史料之不多，既然編者擁有上述彌足珍貴之史料，何不公開於世，付梓發行。幾經交涉，蒙國史館朱文原先生初步之慨允幫忙；復承遲景德先生之精心審查，國史館原則上答應影印出版此批史料。今依照遲景德先生之審查意見，擬以史料價值、缺期情形及（影）印刷狀況三方面為編輯之考量標準。

　　封面設計：擬以各期刊特色，配以相關之照片圖案。名稱：擬以「中國青年黨史料叢刊」名之。版面：以16開為主，力求版面畫一。冊數：擬分12輯，每輯再依照篇幅字數細分若干冊。編輯順序：按史料之時間先後為之，缺期情形，則評量其史料價值而定；（影）印刷狀況，除若干些微史料較模糊者外，大體上均甚良好。準此而言，茲將編輯綱要簡述如下：

　　第1輯──《醒獅週報》：《醒獅週報》為「中青」最具代表性之刊物，「中青」又稱為「醒獅派」，其故在此。《醒獅週報》於民國13年10月10日在上海創刊，共發行266期，編者蒐集由創刊號至195期，約近五分之四，當中雖有些許缺頁，但可說仍甚齊全，此週報可謂研究「中青」必備之重要基本素材，按篇幅字數，酌情以4冊出版。

　　第2輯──《新路雜誌》：《新路雜誌》為李璜與張君勱所合辦，該雜誌創刊於民國17年2月1日，一共只發行至第1卷第

10號即停刊，編者蒐集1－8號，恰為五分之四。本刊立論主要為批判共黨暴動路線之誤及國民黨一黨訓政之非，為一相當珍貴之史料，按篇幅字數，酌情可出1冊。

第3輯——《民聲週報》：《民聲週報》為陳啟天於民國20年10月，「9‧18」國難發生後在上海所辦。該刊物主要言論立場為鼓吹「野戰抗日」及反對國民黨的「一黨專政」政策。總共發行38期，編者蒐集23期，按篇幅字數，酌情以1冊出版。

第4輯——《國論月刊》：《國論月刊》為「中青」繼《醒獅週報》後，最有深度內涵的刊物，內容包羅萬象，頗為可觀。該刊於民國24年7月創刊，至盧溝橋事變後停刊，共發行至第2卷第10期，編者蒐集第1卷有10期；第2卷有6期。由於該刊份量頗多，按篇幅字數，酌情以兩期併為1冊，分7冊出版。

第5輯——《國論週刊》：《國論週刊》為《國論月刊》停刊後，於民國27年2月19日在成都出版，共有34期，編者全部蒐齊。內容以闡揚抗戰到底為旨；另有重慶版3期，可以附錄方式放於後面。本刊份量適中，按篇幅字數，酌情出版1冊。

第6輯——《國光旬刊》：《國光旬刊》為左舜生於抗戰初期，民國27年3月29日在長沙所辦，共發行12期，編者全部蒐齊。內容以激勵民心士氣，報導抗戰消息為主，按篇幅字數，酌情以1冊出版。

第7輯——《民憲半月刊》：《民憲半月刊》為民國33年5月16日，「中青」於抗戰末期加入「民盟」後所辦之刊物，故

該刊物頗有第三方面色彩。主要言論為鼓吹民主憲政，並對國民黨於戰後行憲有所期待及建言。《民憲》總共發行至第2卷第6期，編者蒐集至第2卷第2期，按篇幅字數，酌情以2冊出版。

第8輯──《青年生活半月刊》：《青年生活》係「中青」於戰後，民國35年7月7日在上海重新復刊之刊物。主要內容為報導戰後國內之消息；兼亦披露江浙一帶之人文動態，為一本綜合性之刊物。共發行至第2卷第12期，編者蒐集至第2卷第5期，按篇幅字數，酌情以1冊出版。

第9輯──《青年中國週報》：《青年中國週報》係「中青」於民國35年10月12日在上海所辦。該刊取材多樣活潑，政論、藝文、小說、詩詞均有，總共發行50期，編者全部蒐齊，按篇幅字數，酌情出版1冊。

第10輯──《中國評論月刊》：《中國評論》為徐漢豪於民國36年7月10日於南京所辦。主要內容以有關政治、政黨、經濟、軍事、外交之評論為重點。一共發行10期，編者全部蒐齊，按篇幅字數，酌情以1冊出版。

第11輯──《青年台灣週刊》和《風雲半月刊》：時值政府戡亂失利，時局動盪不安之際，「中青」與國家共患難，先後於台灣發行《青年台灣週刊》及在上海創辦《風雲半月刊》。《青年台灣週刊》創刊於民國37年6月12日，由朱文伯所發行；《風雲半月刊》創辦於民國37年8月1日，由夏濤聲所負責。兩份刊物內容相似，主要以評論時事為主。《青年台灣週

刊》共發行15期，編者擁有14期；《風雲半月刊》一共只發行至第1卷12期，編者全部蒐齊。唯兩份刊物篇幅不多，性質相近，酌情可合併1冊出版。

第12輯——其他：包括《勦共半月刊》、《國防線半月刊》、《中青半月刊》，這些刊物因蒐集有限，篇幅不多，但又深具史料價值，故不擬按時間順序編輯，酌情量之，綜合為1冊出版。

綜而言之，此批珍貴史料，為編者窮多年之力，費盡千辛萬苦，得來委實不易，於國內可謂絕無僅有。倘蒙不棄，能由國家最高史政機關國史館影印出版，讓珠沉滄海終有重見天日之刻。此舉，相信不僅嘉惠士林，裨益學界；亦編者衷心能聊以告慰先師沈雲龍及李幼老（璜）在天之靈與知遇之恩也。

附錄

——台灣文學三講

▞ 第一講：台灣文學的發軔和傳統舊文學的移植

　　何謂台灣文學，常言台灣無文學，因為居住在台灣島上的原住民，只有語言而無文字，故無法創作文學，當然這是以狹隘的定義來界定台灣文學。其實吾人不能因為原住民沒有書面作品，就說他們沒有文學。原住民雖沒有書寫能力，但他們在口耳相傳中，也有所謂的「口傳文學」，其中或許有悅耳的歌聲、甜蜜的愛情、充滿智慧的幽默、想像力豐富的神話，嚴格言之，這些均屬於廣義的文學。

　　荷蘭據台後，為便於在南台灣傳教，乃教導原住民以羅馬字拼寫自己的母語，用來翻譯《聖經》及土地買賣。這些文字由於在「新港社」使用之故，被稱之為「新港文書」，俗稱「番仔契」。「新港文書」雖未達到文學的水準，但由此將台灣原住民帶至「文字書寫」的階段。

　　基本上，「口傳文學」以神話、故事、傳說、歌謠、俗諺、謎語為主，它們不以文字來表現，而是以最原始的歌舞表演，代代傳承下去，原住民即以此「口傳文學」來賡續其族群的歷史記憶。以歌謠為例，台灣原住民歌謠之采錄，始於清

初黃叔璥《台海使槎錄》的〈番俗六考〉。黃叔璥很用心的在每一首採集來的原住民歌謠中,除配以記音外,還附有漢文翻譯,為吾人了解原住民,尤其是平埔族歌謠,提供相當重要的第一手資料。黃叔璥的〈番俗六考〉,蒐羅了包含西拉雅族、凱達格蘭族、洪雅族、道卡斯族、巴布拉族等六個平埔族的歌謠。其中有〈頌祖歌〉、〈捕鹿歌〉、〈別婦歌〉、〈思歸歌〉、〈聚飲歌〉、〈待客歌〉等,生動活潑的展現出昔日台灣西部平埔族的生活實況,以及原住民好客之風和男女情思。

除了歌謠外,其實原住民也有很多的傳說故事,只是以前被忽視,沒有專門採集下來。日治時期,經由日本民俗學家、人類學家的重視,才開始了口述採集工作,其中以小川尚義、大西吉壽、佐山融吉、淺井惠倫等人的貢獻最大。1935年,淺井惠倫的《原語台灣高砂族傳說集》,是最具代表性的經典之作。在該書中,日本學者蒐集大量原住民的神話、傳說、故事、笑話等軼聞趣事,對原住民各族源起之傳說、對天地宇宙神祇之膜拜、洪水的故事與禁忌的產生、族群遷移與諸多動植物及大自然的想像,為我們研究原住民的宗教信仰、民俗節慶,提供豐富的佐證資料。例如在台灣原住民的傳說中,有關賽夏族的矮靈祭、卑南族之猴祭、泰雅族黥面的傳說、鄒族獵首之源由,都能夠將各族之文化特色與歷史面貌呈現出來。

其實不僅原住民有「口傳文學」,漢族也有,只是和原住民一樣,以往並未受到重視。迄於日治時期,漢人的「口傳文

學」才有了初步的整理，其中，1915年川合真永的《台灣笑話集》，可說是最早以台、日語對照的作品。其後，平澤丁東的《台灣之歌謠》及片岡巖之《台灣風俗誌》，尤以後者更是集大成之作。該書有系統的採集了許多台灣人的音樂、謎語、笑話、禮俗、民間故事等，對台灣風俗之整理，貢獻至大。

1936年，李獻璋的《台灣民間文學集》，是台灣漢人「口傳文學」的劃時代之作。它代表台灣人在日治時期，認同本土為台灣文化尋根的努力成果。該書雖然還不算是純粹的民間文學，但已是開啟以民間故事為素材來撰寫文學作品之先聲，其歷史意義值得肯定。

至於台灣的歌謠，更是庶民文化重要的組成部分。台灣的歌謠，最常見於歲時年節、生命禮俗、婚喪喜慶與各行各業等面向。透過歌謠，可以清楚的感受到，台灣人常民文化豐富多采多姿的生活原貌，貼近台灣人真實的情感及工作的甘苦心酸。其中，有苦有悲，生動有趣。由於台灣是個移墾社會的結構，台灣漢人大多來自閩、粵原鄉，在移民台灣的過程中，這些「唐山客」也將故鄉的宗教信仰、民間傳說帶到台灣來。如王爺、土地公、媽祖婆與大道公鬥法等。

當然，無可諱言，台灣有書面文學，是漢民族移墾台灣以後的事。早期的書面文學，以中原士子來台，用文言文書寫的「古典文學」。其時間跨度，大概從明鄭迄於清末，大約有三百年之久；而文體則以古典詩詞、散文、小說、戲曲為主。

　　台灣出現於中國文獻始於三國時代，但直到南宋，澎湖才納入中國版圖。元順帝年間，中國在澎湖置巡檢司，隸屬泉州，開始遣官治理。宋、元以來，大陸漢人移民台灣日多，明鄭時期，更有一波大規模的移民潮，隨鄭成功來台。鄭氏開府台灣，當時有一批不願做清順民的知識份子，也隨鄭氏來到台灣。當中如王忠孝、辜朝薦、沈佺期、沈光明、盧若騰、徐孚遠、李正青、陳永華、朱術桂、紀石青、陳夢林、高拱乾、孫元衡、藍鼎元、張湄、朱仕玠、楊廷理、周凱等。這些人中，有的在大陸已是詩壇名家，他們與先期去台的沈光文，成為台灣舊文學的開山者與奠基者。

　　基本上，沈光文等人對台灣舊文學的開拓，之所以有所貢獻，其實和當時的歷史條件有關。首先不僅要將台灣建設成一軍事上「反清復明」的基地，在政治、經濟、文化上，也莫不如此。職係之故，鄭氏政權在台灣，亟需大批文人輔佐，因而求才若渴，禮賢下士，從而為彼輩知識份子營造一個良好的創作環境。而在此之前，台灣原住民除神話傳說外，沒有文人，自然亦沒有文學，正期待中原文人前來經營，所以台灣文學開創初期，這就為他們準備很好的用武之地。

　　台灣文學在草創時期，體裁上以古詩和紀實文學為主，茲舉一、二文人作品，以窺全貌。徐孚遠（1599－1665）：江蘇華亭人，1642年明舉人，明亡後曾舉兵抗清，1661年隨鄭成功來台，定居彰化。他著有《釣黃堂詩集》20卷，其中的《台灣

詩抄》，是他在台灣創作的詩篇，其詩以撰寫遺民心態和鄭氏
復台為主要題材。連雅堂於《臺灣詩乘》評其詩曰：「暗公之
詩大都眷懷君國，獨抱忠誠，雖在流離顛沛之時，仍寓溫柔敦
厚之意。人格之高，詩品之正，足立典型，固非藻繪之士所比
也。余讀《釣黃堂詩集》，既錄其詩，復採其關係鄭氏軍事者
而載之，亦可以為詩史也。」

　　盧若騰（1598－1664），金門人，1664年與沈佺期同舟
來台，船到澎湖，因病而逝，著有《留庵文集》、《留庵詩
集》。盧若騰詩最引人注意的是，關心民間疾苦，貼近社會寫
實，如〈老乞翁〉、〈甘蔗謠〉、〈蕃薯謠〉、〈田婦泣〉、
〈抱兒行〉等等。均是為民喊冤、為民請命之詩作，他是最能
感受底層百姓痛苦之知識份子。其詩題材廣闊，剖析深刻，為
一寫實主義詩人。

　　當然在眾多來台中原士人中，貢獻最大、影響最深遠者，
首推沈光文。沈光文，字文開，號斯庵，浙江鄞縣人。明亡
後，曾投靠南明福王，與史可法一起舉兵抗清。福王敗後，隱
居普陀山為僧。1647年又因復明心切，還俗投奔桂王。時鄭成
功據守閩、粵，沈光文奉魯王監國入閩參與成功軍務，備受成
功禮遇。1652年從金門搭船赴泉州，因遇颱風漂流至宜蘭，遂
定居台南。

　　1661年成功復台後，以禮相待光文，成功病故後，光文因
批評鄭經，險遭殺身之禍。於是便隱居目加溜灣、羅漢門、大

岡山等原住民聚居地，以教書創作為生，直到鄭氏王朝滅亡，光文才復出文壇。光文在台灣生活三十六年，於1688年卒於台灣，享年77歲。

　　光文之所以能成台灣文學開山人，被譽為「海東文獻初祖」，實與其豐厚文化學養有關。他在大陸本已是詩人，長時期的困頓生活，為其創作源源不絕的靈感素材。光文在台灣的文學活動，不僅是台灣文學之拓荒者，也是第一個在台灣文學史上發起組織詩社的人。1685年，沈光文與季麒光、陳元圖、韓又琦、趙龍旋、林起元、陳鴻猷、鄭廷桂、何士鳳、韋渡、陳雄略、翁德昌、屠士彥、華袞等十四人，以「愛結同心，聯為詩社」為主旨，宣告成立台灣第一個詩社「東吟社」，此舉開台灣文壇社團組織及文人組織活動之先聲。

　　沈光文著有：《文開詩集》、《臺灣賦》、《臺灣輿圖考》、《流寓考》、《草木雜誌》等。其對台灣文學的開創意義，主要表現在古詩的創作上，他的詩不僅有「反清復明」的故國之思，也有描述艱困處境的窮愁生活，更多的是表現濃烈的台灣鄉愁，是以有人稱其為台灣鄉愁詩的開創者。如「故國霜華渾不見，海秋已過十年淹」、「錢塘江上水，直與海潮通」等詩句，充分顯現其故國懷思。總之，從沈光文始，台灣才開始有文學作品，難怪諸羅縣令季麒光說：「從來臺灣無人也，斯庵來始有人也；從來臺灣無文矣，斯庵來始有文矣。」對沈文光在台灣文學史上之貢獻，評價之高，可見一斑。

　　台灣納入清版圖後，經康乾盛世，台灣經濟亦發展快速，而繁榮富庶也促使漢民族傳統文化在台灣紮根。在康乾時代，台灣本土文人尚未養成，但大陸文人仍於此時，為台灣文學留下很好的佳績。如浙江仁和人郁永河為採硫礦，於1697年（康熙36年）來台，在台灣北部停留半載，寫下《裨海紀遊》一書，又名《採硫日記》。郁永河文字生動活潑，具體描繪了台灣西、北部原住民部落的生活實況，尤其對北部採硫的實境描寫，更是康熙年間台灣古典散文的代表之作。郁永河除《裨海紀遊》外，還有台灣竹枝詞及土蕃竹枝詞等著作，其作品以寫實主義風格著稱。

　　至於孫元衡對台灣文學影響，亦頗值一提，孫為安徽桐城人，1705年任台灣海防同知，在台三年，著有詩集《赤嵌集》。該詩集以五、七言雜詩，淺白地描寫台灣風土民情；或以奇奧詭譎的古體詩，寫台灣的巨蛇、颱風等。其詩多詠台灣各地風光及島嶼特色而作，寫台灣各族原住民的生活狀況，也相當精彩寫實。所以《臺灣省通志稿》評其詩為「《赤嵌集》內之〈颶風歌〉、〈海吼〉、〈日入行〉等詩作，健筆凌空，蜚聲海上，為我臺灣生色不少。」孫元衡詩霸氣淋漓，如橫空出世，磅礡萬千。如在〈玉山歌〉中「須臾雲起碧紗籠，依舊虛無縹緲中。山下螞蟥如蟻叢，蝮蛇如斗提如風；婆娑大樹老飛蟲，鑽肌吮血斷人蹤，自古未有登其峰。吁戲！雖欲從之將焉從？」對玉山之宏偉壯麗，蛇蟻肆虐，攀登艱難，描寫的入木三分。

　　除孫元衡外，黃叔璥也值得介紹，1722年（康熙61年），黃叔璥以「欽命巡視臺灣御史」身份，歲巡台灣以察吏治民情。黃叔璥對台灣山川風土民情巡察頗為深入，尤其對原住民之「番俗」更是頗為知曉。其《臺海使槎錄》，由〈赤嵌筆談〉、〈番俗六考〉、〈番俗雜記〉三部分構成。與郁永河的《裨海紀遊》齊名，堪稱描述台灣風土人物景觀之雙璧。

　　另高拱乾對台灣文學也有貢獻，高為陝西榆林人，1692年任分巡台廈兵備道，兼理學政。在台任職四年間，曾編纂《臺灣府志》，並創作《東寧雜咏》、《臺灣八景》和《澄臺記》、《臺灣賦》等。高拱乾的詩，內容有對台灣生活的描繪、有歌咏台灣風光和自然環境；也有描述鄭氏驅荷復台之戰的。如「曉來吹角徹蒼茫，鹿兒門邊幾戰場」；「天險悠悠海上山，東南半壁倚臺灣」，則是對台灣重要戰略地位清楚的認知。「海門雄鹿耳，春色共潮來」，台灣壯麗景觀盡入詩中。

　　除郁永河、孫元衡、高拱乾外，清初台灣文壇還有不少佳作，藍鼎元的《鹿洲全集》，其中之〈平臺紀略〉，為康熙60年的「朱一貴事件」留下第一手資料。而以編輯《諸羅縣誌》出名的陳夢林，其在台之〈紀遊草〉、〈遊臺詩〉、〈臺灣後遊草〉諸作，雄浩奇尾，為台灣文學增添彩筆。至若江日昇的《臺灣外紀》，詳述鄭氏四代史事，內容雖有過份潤色史實之嫌，但其以歷史小說兼報導文學體裁，卻開創台灣文學另一種風格。

　　乾嘉以降，撰寫台灣旅遊文學仍多，朱士玠的〈泛海紀程〉、〈海東紀勝〉、〈瀛涯漁唱〉、〈海東賸語〉、〈下淡水社寄語〉，均屬其中佼佼者。如〈鳳山春雨〉詩曰：「鳳山南望海天遙，春至空濛暮復朝，氣動蛟龍初起蟄，聲催螺蚌盡乘潮。瀟瀟餘響紛傳幄，淰淰輕寒鎮入宵，羈旅有情誰遣此，短檠相對伴蕭寒。」將南台灣春潮帶雨之風情，描寫非常傳神。

　　像朱士玠之流者，在清初台灣頗不乏其人，如張湄、錢錤、趙翼等皆是。這些宦遊文章雖然豐富台灣文學的內容，然泰多以個人感觸居多，或吟唱台灣山川之美；或感懷羈旅異鄉之悲，缺乏對台灣本土的同情與關懷，更少關心民間之疾苦。是以，他們的作品未能反映當時台灣移民社會之本質。較為可喜的是，於此時期，台灣本土作家逐漸出現，如諸羅王克捷，善詩賦，曾完成〈臺灣賦〉巨篇。台南人陳輝，亦多遊覽詩作，風格敦厚，其詩後來被連雅堂收入《臺灣詩薈》。

　　道咸以後，台灣文壇仍以宦遊文學為主流，如姚瑩、周凱、徐宗幹等人之作品，他們仕途在台灣，唯除極少數佳作外，大多平平。此期台灣文學，倒是本土作家逐漸嶄露頭角，其中以澎湖出身的蔡廷蘭、彰化的陳肇興、淡水的黃敬及新竹的鄭用錫和林占梅最有名。蔡廷蘭，1844年（道光24年）進士，著有《越南紀略》、《災荒紀略》、《香祖詩草》等作品。其中以敘述因風災而流離失所，反映庶民疾苦的〈請急賑

歌〉最令人鼻酸感動不已，這是台灣本土作家，對台灣人民在底層艱苦過活最真實的寫照。

至於較後期的彰化人陳肇興，詩作亦頗有可觀之處，其詩以寫實為主，所著《陶村詩稿》，題材多根據戴潮春事件，頗有史料價值。新竹的鄭用錫，亦為一大詩家，詩作樸實，著有《北郭園全集》。另一竹塹才子為林占梅，林氏多才多藝，除擅長詩作外，琴棋書畫樣樣精通，著有《潛園琴餘草》。

基本上，道咸以下的台灣作家，其詩作水準與內地來台之文人已不相上下，而他們筆端以撰寫台灣底層社會情況，反映基層人民心聲，如此又比內地文人多一層強烈的鄉土色彩，更能貼近台灣真實的民意與生活。同光時代，在最後一任巡撫唐景崧的極力推動下，台灣文人士子結社吟詩逐漸形成風氣。南台灣的「斐亭吟社」，北台灣的「牡丹詩社」，都是在唐景崧的鼓吹下成立，此舉也串聯了台灣南北文人間的互動。當時除內地來台宦遊的王凱泰、楊浚、林豪、吳子光、唐景崧諸人外，台灣本地士子如施士浩、許南英、陳維英、李夢洋、丘逢甲等人，他們的詩作益趨成熟，內容真誠寫實，較之大陸來台文人詩作，亦不遑多讓。

其中王凱泰著有〈台灣雜詠〉和〈續詠〉多首，常於詩中反映台灣一些陋習，如錮婢、吸食鴉片等，頗有以詩反應社會現象之味道。楊浚於同治年間來台，除編纂《淡水廳志》外，尚有《冠悔堂詩文鈔》，內中有關敘述台灣之文章不少。又稍

晚來台之林豪，是當時來台大陸人士中，有關台灣著述最豐者，其中較有名的是《澎湖廳誌》、《東瀛記事》等。至於末代巡撫唐景崧，則衷情於中國南方特有的一種詩體－－詩鐘，唐常以詩鐘和丘逢甲、施士浩、汪春源、林啟東、黃宗鼎等台灣士子相唱和。

基本上，從明鄭沈光文至台播種台灣舊文學始，到同光年間，兩百多年的台灣文學，是以移植大陸舊文學為主。移墾社會的結構，使台灣真正的本土文學，始終未能生根；兼以漢番雜居的移民社會，絕大多數都是不曉文字的農民工匠，他們紮根台灣社會底層，卻沒有書寫表達的能力。而一般來台遊宦的大陸士子，在台為官旅遊，長則數年，短僅半載，雖驚奇於台灣有別於內地的山川風土民情，但其詩文，不是以文獻為主的史書；就是個人述懷吟誦，缺乏對台灣庶民文化與鄉土的真正認同及關懷。也因此，彼時之台灣文學，充其量只是流行於士紳階級的相互酬唱，離真實的台灣本土文學，尚有一段距離。

直到清末，因著內憂外患紛至沓來，刺激台灣知識份子的覺醒，體認到詩文並非僅是酬酢的工具，它應該有肩負反映時代苦難的作用。就在此氛圍下，台灣文人士子的作品，開始強烈反映台灣在特殊歷史命運下的遭遇，以及民間人民的疾苦狀態，尤其因為外患的接踵而來，更激發他們作品中的民族意識，最具代表者有陳維英和丘逢甲。陳維英為台北人，著有《偷閒集》，其詩有濃厚的平民意識，不事修辭，不排斥鄙

俗，強調文章順其自然而已。丘逢甲則與唐景崧在「馬關條約」後起兵抗日，共同成立「台灣民主國」，事敗後逃回大陸，著有《嶺雲海日樓詩鈔》。詩作中滿腔悲憤，充分展現對台之思念，及對台灣割日之哀痛。

■■ 第二講：日治時期的台灣文學

日治後的遺民文學與棄民意識

晚清時期，在巡撫唐景崧的倡導下，台灣士紳階級文人士子結社吟詩之風逐漸盛行。之前南台灣在1878年，已有許南英（名作家許地山之父）與其岳父吳樵山、施士浩、汪春源、陳望曾、丘逢甲、陳日翔等人所設的「崇正社」，時假竹溪寺，擊鉢吟詩。1885年，唐景崧公餘常在道署內斐亭與文士詩人聚會，稱為「斐亭吟會」。1886年北台灣竹塹人蔡啟運、林薇臣、林世弼等文士，亦將竹、梅二社合併為「竹梅吟社」與之輝映。1892年，唐景崧升任台灣布政使，移駐台北，又另組「牡丹吟社」。隔年，林輅存又有「海東吟社」之倡。總之，在唐景崧熱心提倡下，台灣詩社、詩會林立，一時擊鉢吟唱蔚為風潮。詩社文人的串聯互動，使台灣詩人的創作技巧及作品日益純熟，比之內地中國詩人群中亦不遜色，其中施士浩、丘逢甲、許南英、洪棄生皆為詩界翹楚。

1895年甲午戰爭失敗，翌年「馬關條約」簽約，滿清將台灣澎湖割讓給日本，從此淪為日本的殖民地。台灣同胞聽到割台噩耗，義憤填膺哀慟莫名，不僅派大員赴京希望挽回朝廷心意，更

作最壞打算，不惜與日本一戰。然在割讓已成事實後，孤臣無力可迴天，只有訴求獨立建國，因此有「台灣民主國」的成立，及其後義軍的節節抵抗。但在日軍強大優勢的武力下，這些可歌可泣的抵抗仍以失敗收場，從此日本殖民統治台灣已成定局。

日本治台後的前幾年，許多富有民族意識的舊文人或知識份子，不願在異族統治下苟活而返回原鄉中國大陸。也有一些文人，無力抵抗當局，只有藉酒色自娛，麻醉自己成為亡國奴內心的悲痛。他們像中國舊式文人一樣，隱居市井，感時憂國，吟詩抒愁，澆心中塊壘，過一輩子遺民生活。期間，台灣士紳丘逢甲，回到中國後，仍心繫台灣，其詩集《嶺雲海日樓詩鈔》，滿紙悲憤充滿民族意識之史詩隨處可見，顯見其對台灣淪日之哀痛終生未歇。他有一首詩〈元夕無月〉云：「滿城燈市蕩春煙，寶月沈沈隔海天。看到六鰲仙有淚，神州淪沒已三年。三年此夕月無光，明月多應在故鄉。欲向海天尋月去，五更飛夢渡鯤洋。」至於如「夢裡陳書仍痛哭，縱橫殘淚枕痕深」、「不知成異域，夜夜夢台灣」更是具體地將其思念台灣的愁緒，淋漓盡致的表現出來。

另一首〈客邸晚懷〉言：「百粵山河霸氣涼，干戈初定客還鄉。愁心似海猶添水，短鬢驚秋早欲霜。醉徑經能欺李廣，冷曹應共笑馮唐。豪情倜儻銷難得，又聽城茄送夕陽。」已不復有當年「捲土重來未可知，江山亦要偉人持。成名豎子知多少，海上誰來建義旗」的豪情壯志，剩下的是滿懷悲涼，

吟唱英雄失路惆悵之情，溢於言表。總之，丘逢甲的詩常流露出揮淚說台灣的沉痛心情，對無力歸返台灣，於其詩中充滿著棄民、遺民的失根心理。除丘逢甲外，當時回中國的台灣舊文人如施士浩、汪春源、許南英等，也都是隱居不問世事，對台灣陷日的悲痛，將遺民心態寄情於詩歌間，其中以許南英較著名，有《窺園留草》詩集傳世。

當然台灣之淪日，於舊文人而言，是個人及家國之遭逢巨變，除消極透過文學、詩歌吟誦出棄民、遺民的哀痛心理外。也有像洪棄生（散文家洪炎秋之父）那樣的文人，參加義軍失敗後，終生不剪辮髮，拒著洋服，杜門不出，潛心著述，把台灣社會和歷史刻劃入詩中，發揮台灣人不屈不撓的民族氣節，且終身以大清遺民自居。其中對「台灣民主國」的潰敗，洪棄生悲憤的用古體詩寫出了〈台灣淪陷紀哀〉，這是一首長篇史詩，以深沉的筆觸鋪寫出亡國失鄉的傷痛之情，讀來令人動容。其又有〈痛斷髮〉一詩，強烈表達斷髮後的悲憤與無奈：「我生跼蹐何不辰，垂老乃為斷髮民。披髮欲向中華去，海天水黑波粼粼。天為穹廬海為壑，桃源路絕秦中秦……我生於世一微塵，我頭一髮迴千鈞……在笯可憐斷尾鳳，遯荒須跨無角鱗……」斷尾鳳與無角鱗的尷尬和憂傷，正是髮辮被強剪，文化遭摧殘的台灣士子共同的心聲。

洪棄生才高學富，膽識非凡，又具有濃厚的民族意識，因此每藉詩篇來痛陳時政，直抒性情。於日治時代，是台灣舊

文人中，少數敢於以詩為史，毫無保留地揭露日吏之苛暴、窮民之悲苦的詩人，於棄民、遺民文學外，另闢寫實反抗詩歌之先聲。洪棄生著作等身，有《寄鶴齋詩話》、《寄鶴齋文》、《瀛海偕亡記》、《台灣戰紀》、《中東戰紀》等，以詩以文記下了義軍吳湯興等人之抗日斑斑血淚史。洪棄生之操守文章，近人楊雲萍對其評價頗高，說他是「近代學人之中，博聞篤學，抱樸守貞，儼然有古大師之風。」此外像吳德功的《讓台記》及〈哀季子歌〉，記載抗日義士吳彭年之英勇事蹟，令人不忍卒讀。而新竹詩人王松，寫詩每自署「滄海遺民」，其悲憤之遺民心理更是一目了然。

總之，長期受中國文化薰染下之台灣士子，於日治台灣後，不論是內徙大陸或留在台灣，其內心深處，無論如何是無法認同日本的，尤其是在文化認同方面更是如此。台灣陷日後，居留中國的，魂牽台灣；無奈在台者，滿腔亡國之慟。此情此景只有透過詩歌吟唱將其表露出來，而內容之哀怨悲憤，充滿遺民、棄民心理，也成此際詩歌文學之一大特色。

日治初期之古典文學

日本統治台灣趨於鞏固後，台灣的殖民地社會也逐漸安定下來，在1920年以前，舊文學的詩仍是台灣文學的主流。而為了拉攏安撫台灣上層知識份子及菁英，日本統治當局也用心良

苦，派了不少明治時代熟悉漢文漢詩的日本舊式文人，前來台灣任職。希望藉以漢詩互相酬唱的方式，來消弭彼此的緊張對立。兼以總督府以推廣漢詩為治台一策，獎勵台人成立詩社，因此擊鉢吟體盛極一時。而歷代總督又舉開「饗老典」和「揚文會」，與本土詩人做漢詩唱和，以達懷柔與籠絡台灣士紳之目的。

如第四任總督兒玉源太郎於1899年，其南菜園別業落成時，親邀全台詩人吟詩其間，最後並將唱和輯成《南菜園唱和集》，分贈日、台人士。其後，行政長官後藤新平也在他的書房「鳥松閣」招集詩會，於1906年亦刊行《鳥松閣唱和集》傳世。1921年第八任總督又附庸風雅一番，邀請近百位台灣詩人赴其官邸吟詩作對，後編成《大雅唱和集》。之後，第九任總督內田嘉吉、第十一任總督上山滿之進，也分別在1924年和1927年邀集台灣詩人共相唱和，事後均有《新年言志》與《東閣唱和集》等詩集出版。由此可知，日本為拉攏台灣士紳，是花費一番綿密功夫的。

除總督府積極倡導下，當時有不少未忍漢學廢墜的有識之士，所發起的「漢學維護運動」，也是促成台灣詩社林立，詩人擊鉢聯吟風氣大盛的另一因素。這種專事雕詞琢句，拈題競技的擊鉢吟，最早是流傳於民間的「詩鐘」。此一詩人間的擊鉢吟詩活動，經日本在台漢文學家和總督府的刻意提倡，成功的促成台灣詩人結社聯吟的風氣，更使舊文學之詩成了台灣文

壇的主流。當時詩社之多，據連雅堂〈臺灣詩社記〉所錄，僅1924年，全台就有詩社六十六個，其中以台中的「櫟社」（1898）、台南的「南社」（1906）和台北的「瀛社」（1909）最有著名，社員數逾百人，更有所謂台灣「三大詩社」之稱。所以連氏稱：「三十年來，臺灣詩學之盛，可謂極矣，吟社之設，多以十數，每年大會，至者嘗二三百人，賴悔之所謂過江有約皆名士，入社忘年即弟兄，誠可為今日詩會讚語矣。」

據統計，日治期間全台知名詩社約有兩百八十個，成員大都出身前清遺老宿儒所主持的私塾，作的是清一色絕句、律詩一類的舊體漢詩。台灣詩社之盛，連1911年來台遊歷的梁啟超都說：「滄桑後，遺老佗傑無所適，相率以詩自誨。所至有詩社，萊園吟社以外，櫟社、南社為其最著也。」詩社領袖及詩人以林獻堂、林痴仙、林幼春、蔡啟運、連橫、洪棄生、許南英、傅錫祺、賴悔之、蔡惠如、莊太岳、林仲衡、陳逢源、王敏川等最具代表性。

一般說來，綜觀整個日治時期，台灣作古典詩的舊士紳階層，雖仍有極強烈的反日色彩，但因為他們的作品常脫離庶民的現實生活，且有極多作品流於風花雪月。以每年舉辦吟詩大會為例，雖盛況空前，全省詩社也逾百，但大多數詩作都採用擊鉢吟體，詩作多雕琢而乏生命，故在新文學興起後，因與時代脫節，很快的即趨於沒落。台灣舊體詩人著作較有名的詩作有：連雅堂《大陸詩草》、林痴仙的《無悶草堂詩存》、林幼

春的《南強詩集》、吳德功《桃齋文稿》、林景仁之《東寧吟草》等。主要漢詩雜誌有《台灣文藝叢志》、《台灣詩薈》和《三六九小報》，其中尤以後者對於舊文學的提倡不遺餘力，貢獻良多。

台灣新文學運動的發微

　　台灣新文學運動發微於1920年代，在此之前，台灣文學仍以詩社為主的聯吟酬唱居多，所以當時全島各地遍佈各種詩會詩社。基本上，這種文學活動是以舊文人為中心，也是士紳階級吟風弄月的產物。無怪乎後來被斥為「有濃麗之外觀，而無靈魂腦筋，是為死文學」。且未盡到啟發文化，振興職務的文學基本使命，張我軍更直言要拆下這座「敗草叢中的破舊殿堂」，認為舊文學已有從根本上掃除刷清的必要了。進入1920年代，接受新的文化洗禮的一代，在感受到世界各地的文學都在革新求變向前大步邁進之時，只有台灣文學還在打鼾酣睡不動如山，更加憂心忡忡，難道台灣文學要永遠被棄於世界文壇之外嗎？於是一場新舊文學論戰，無可避免的撕殺起來了。在談到新舊文學論戰前，我們先對台灣新文學運動的源起，作個簡單介紹。

　　基本上，台灣新文學運動之源起，係受到第一次世界大戰後，自由民主思潮與中國五四文學革命風潮的激發而產生。其時適值台灣武裝抗日失敗，處於日本殖民統治下的台灣作家，

配合當時島內風起雲湧的政治社會運動，藉著新文學運動的推展，希冀民族之解放與民智的啟蒙，兼亦發抒心中塊壘及家國之痛。所以說，日治時期的台灣新文學運動，是在日本殖民體制下，隨著當時如火如荼的台灣新文化運動，為抗日民族運動之一部分而展開的。王詩琅即說：「臺灣新文學運動，雖非有意識的民族運動，然而它是採取文學方式，對異族統治的抗爭，作品也多在揭發異族統治的弱點，激發民族意識，影響不可謂不大。」

　　葉石濤也指出：「日本統治下的臺灣新文學運動跟臺灣新文化運動和臺灣社會運動有密切不可分離的關係。而臺灣新文化運動和社會運動其實是臺灣民眾的反日、反殖民、反封建的民族解放意願的具體表現。」換言之，日治時期台灣新文學運動的根本精神，是建立在「反帝、反封建」的抗爭意識上，其最終目的即在尋求台灣人民意識之覺醒。日治時期台灣新文學的起點，一般認為始於1920年《臺灣青年》的創刊。該刊為「新民會」所發行，其創立旨在對台灣作積極之啟蒙運動，以求合法圖謀民權之伸張，故「新民會」實為台灣文化運動之始創者。台灣新文化運動者，透過《臺灣青年》介紹當時世界各主要思潮，影響台灣新文學之源起甚大。總體而言，當時有幾股因子對台灣新文學的催生甚大：

一、世界潮流的衝擊：蔡孝乾曾明白指出「歐洲大戰以後，世界的思潮流到臺灣，給久在睡夢中的臺灣人，以一服的興奮劑，臺灣的啟蒙運動從茲開始。」且當時正是日本「大

正民主」時代，很多提倡民主主義之日本作家的作品，也自然轉化為台灣新文學的精神食糧，為台灣作家所汲取。

二、五四思潮的刺激：1919年中國爆發的五四新文化運動，對台灣之影響至深且鉅。陳逢源在《臺灣民報》所謂「詰屈聱牙事可傷，革新旗鼓到文章；適之獨秀馳名盛，報紙傳來貴洛陽。」即傳神的描繪出五四新文化運動，對台灣知識份子所帶來之衝擊。當時台灣文學青年相當景仰五四新文化運動，所以胡適、陳獨秀等人之文學主張也都介紹進來台灣，《臺灣民報》也大量登載胡適、魯迅等人的文章，而到大陸就學或旅遊的台籍青年如張我軍、黃呈聰、黃朝琴也因親身體驗而為文大聲疾呼，深切體認到推行白話文之重要性。所以說，大陸的五四運動，對台灣新文學運動的肇始，是起了很大的影響。

黃得時對此現象坦承：「臺灣從民國十年以後產生新文學運動，可說受到祖國『五四運動』影響很大。」吾人從台灣新文學運動之模式，始於黃呈聰、黃朝琴等所提倡之〈文字的改革〉起，終於張我軍的〈文學的改革〉之進路看來，與中國之五四文學革命運動如出一轍，可知黃得時所言不虛。此外，像楊雲萍所說，台灣文學運動亦受到日本的影響，尤其是通過日文來吸收世界文學及對擊鉢聯吟之反動，如廖漢臣所云「舊文學的腐敗，是促進『新文學運動』最主要的內部原因」等，均促成台灣新文學運動發軔的主客觀原因。

新舊文學論爭

　　二〇年代台灣新文學運動首先發難者為「新舊文學的論爭」，該論爭於1920年7月由白話文運動發其端緒，至1924年張我軍的幾篇攻擊猛烈之文章臻於高峰，論戰一直持續至1942年2月方告平息，其時間之長，幾與台灣新文學運動相始終，影響至為深遠。1920年7月，陳炘在《臺灣青年》創刊號發表〈文學與職務〉一文，率先指出文學既負有「啟發文化，振興民族」之職務，宜摒除「拘泥法式，注重文面，句分駢散，辭貴古奧」艱澀難解的「死文學」，而主張使用「言文一致體」的白話文。

　　其後，甘文芳用日文也發表了一篇〈現實社會與文學〉，闡明文學工作者必須深入生活中，現在台灣現實生活重圍下，已不需要那種有閒的文學——風流韻事，茶前酒後的玩弄物了。黃得時以為，如果風流韻事，茶前酒後的玩弄物指的是台灣那些吟風弄月無病呻吟的舊文人，那麼，此篇文章可能就是最早抨擊舊文學的文章了。在對舊文學挑戰已是山雨欲來風滿樓之際，陳端明寫了〈日用文鼓吹論〉，嚴辭批判文言文之弊害及鼓吹白話文之利，從而揭起了台灣白話文運動之序幕。

　　在陳端明掀起風潮後，1922年，就讀早稻田大學的黃呈聰、黃朝琴在中國受白話文運動影響，返日後於《臺灣》雜誌撰文呼籲普及白話文。其中尤以黃朝琴的長文〈漢文改革論〉

最具影響力，黃朝琴事後曾回憶寫此文之良苦用心，他說：「我的用意是希望臺灣同胞相互間，均能使用中國文字，使白話文逐漸普及，這樣不僅中華文化在臺灣得以繼續保存，而且因簡單易學的白話文的推廣而能發揚光大，藉以加強民族意識。間接的，使日本對臺灣的日文同化教育，無法發揮他預期的效果。」

　　基本上，黃呈聰和黃朝琴他們都堅決主張推行白話文，認為啟蒙民眾為台灣社會改革之當務之急。特別是他們把語言文字的改革，和發揚民族文化，反對日本同化政策連結起來，更具深遠意義。

張我軍與新舊文學論爭

　　二〇年代真正將新舊文學論戰掀起的是，時為留學北京的板橋人張我軍，1924年4月，遠在北京的張我軍看到世界潮流的演變及受中國五四新文化運動之刺激；又眼見台灣議會設置請願運動的失敗，及蔣渭水、蔡培火以違反「治安警察法」而遭捕。社會運動的受挫，然甚多台灣知識份子仍麻木不仁的只會致力於無意義的擊鉢吟，對社會改造無任何之貢獻。欲求社會之改造，憂心忡忡的張我軍寫了〈致臺灣青年的一封信〉，公然痛批古詩文之弊，從而吹起新文學之號角。他嘲諷的說：「臺灣的詩文等，從不見過真正有文學價值的，且又不思改

革，只在糞堆裏滾來滾去，滾到百年千年，也只是滾得一身臭糞。」攻擊力道之大，迅即在台灣文壇投下一顆震撼彈。

七個月後，張我軍又投下威力更大的炸彈，發表〈糟糕的臺灣文學界〉一文，極盡怒罵嘲諷的說：「創詩會的儘管創，做詩的儘管做，一般人之於文學儘管有興味，而不但沒有產出差強人意的作品，甚至造出一種臭不可聞的惡空氣來，把一班文士的臉丟盡無遺。」接著，張我軍更意猶未盡的攻擊舊詩人「拿文學來做遊戲或做器具用」、「拿詩做沽名釣譽或迎合勢利之器具」、「養成青年偷懶好名之惡習」等弊端，將舊詩人抨擊的體無完膚。

張我軍來勢洶洶的批判，終於讓舊文人按捺不住，詩壇祭酒連雅堂即起而批駁，但張我軍亦不甘示弱，又撰〈為臺灣的文學界一哭〉批評連氏之反擊。1925年元月，張我軍寫下批判舊文學的壓卷之作〈請合力拆下這座敗草叢中的破舊殿堂〉，強調台灣舊文學這座敗草叢中的破舊殿堂，既已不合現代的台灣人住，且有隨時倒塌之危，因此呼籲所有台灣同胞，合力來拆下這座破舊的殿堂。

張我軍對舊文學的一輪猛攻，雖然引起舊文人連雅堂、鄭坤五等之反擊，但因新文學運動符合時代的需求，掌握了時代的脈動，得到絕大多數台灣知識份子的支持。張我軍的建設白話文學，以代替文言文學及改造台灣語言，以統一於中國國語，這樣的新文學運動之目標和主張，終獲勝利。張我軍不

但開風氣之先，率先引進五四文學革命到台灣，難能可貴的他還以身作則積極的從事新文學之創作，實際推動新文學殿堂的建設工作。他以白話文寫作小說、新詩、評論、隨筆等，小說〈買彩票〉被黃得時譽為與賴和的〈鬥鬧熱〉、楊雲萍的〈光臨〉為台灣最早真正有價值的新小說。

除〈買彩票〉外，張我軍尚有〈白太太的哀史〉、〈誘惑〉及他最重要的白話詩集《亂都之戀》。《亂都之戀》詩集的創作，從形式到內容都體現了張我軍的革新思想，同他當時發表的一系列抨擊舊文學、提倡新文學的文章相得益彰。總之，在台灣新文學萌芽之際，張我軍的文藝批評與理論建設，適時為台灣文學指出一條明確發展的方向，並帶頭衝破舊文學之網羅，其對台灣新文學發展之貢獻，葉石濤稱之為「急先鋒」之角色，確實當之無愧。

基本上，新舊文學論爭可以說是推動台灣新文學運動前進的一大力量，這當中張我軍無疑居於主力人物和戰將，由於他及追隨者的挺身倡導，才使得台灣文學進入了脫胎換骨的嶄新發展時代。

台灣新文學之父──賴和

假如說張我軍是台灣新文學運動，最早的理論傳播者；那麼賴和將是台灣第一個實踐執行者。賴和可說是首位把白話

文的真正價值具體實踐於大眾之前，為台灣新文學「打下第一鋤，撒下第一粒種子」的先行者。而博得王詩琅、朱點人、楊守愚等人同聲推許為「台灣新文學之父」、「台灣新文學的開墾者」、「台灣新文學的創造者」等之美譽。

賴和，彰化人，14歲從塾師黃倬其學漢文，寫文章先從漢詩始，就讀於台灣總督府醫學校，在校五年期間，開始嘗試創作。年輕時參加過「古月吟」詩社，1925年2月11日，與好友楊守愚、陳虛谷等十六人成立「流連思索俱樂部」，1939年9月28日，重組為「應社」，與社友楊守愚、陳虛谷、楊樹德等常彼此吟哦唱和。1923年因「治警事件」入獄，服獄期間更是筆耕不輟。

1918年2月25日，賴和曾隻身前往廈門鼓浪嶼，任職於博愛醫院，翌年7月返台懸壺於故鄉彰化。在廈門年餘，適逢中國五四新文化思潮澎湃之際，賴和文學思想受其影響極大。其發表在《臺灣民報》第一篇散文〈無題〉，用散文新詩合體筆調，流暢抒發，形式清新，文字優婉，楊雲萍稱其為「臺灣新文學運動以來頭一篇可紀念的散文」。1925年12月20日，賴和第一首寫實詩作〈覺悟下的犧牲〉發表於《臺灣民報》，隔年1月1日，《臺灣民報》再刊出他第一篇白話小說〈鬥鬧熱〉。這篇以優美洗練的文辭，生動描述台灣鄉村迎神賽會熱鬧景象的社會寫實小說，也是最先批評封建社會迎神賽會鋪張浪費，在媽祖生日祭典中一邊熱鬧，不惜一擲千金的愚昧行徑。此小說

不僅奠定賴和在台灣新文學開創者的角色，更象徵台灣新文學真正具有價值的新小說之里程碑。

自此以後到1936年1月他發表最後一篇小說〈赴了春宴回來〉，這十年間，他以流暢的白話文先後寫了十六篇小說、十二篇新詩、十六篇隨筆散文，共計四十四篇，為台灣新文學留下了膾炙人口的壘壘碩果。受過日本教育的賴和，終身堅持用漢文創作，表現了正義凜然的民族氣節，除行醫外，他還擔任《臺灣民報》學藝欄的編輯選稿工作。此外，亦兼《南音》、《臺灣新文學》兩文學雜誌之編輯，對新文學後進獎掖鼓勵不遺餘力。基本上，台灣新文學即以賴和為中心建立起來的，因為他鼓動了一批文學後起之秀，如廖毓文、朱點人、林克夫、朱石峰、楊逵、楊守愚、陳虛谷等，紛紛投入文學創作的行列。楊守愚即言：「因為有懶雲在，彰化儼然成為新文學運動的中樞」，此話不虛。

貫穿整個賴和的文學作品，可以說人道關懷是他文學主題的重點。身經「我生不幸為俘囚，豈關種族他人優」的痛苦，加上其天生「同情弱者，看見了貧困的人們悲慘的生活就不禁嘆息的人道主義者」悲天憫人的襟懷，使賴和各種文學創作都充滿著人道主義之關懷。葉石濤即中肯的評論說：「賴和先生終其一生均以悲天憫人的人道精神，客觀地透視臺灣殖民社會統治機構，對臺灣民眾的摧殘和剝削，也深刻地凝視被壓迫的臺灣民眾，怎樣地在黑暗和困苦的地獄中掙扎。他的文學充分

表現了臺灣新文學的反帝、反封建的民族風格。」誠然如此，「反帝、反封建」是賴和一生所秉持的信念，直到去世前，他仍然念念不忘其畢生所致力推展，隱含民族意識與抗日精神的台灣新文學運動。

從賴和的作品中，可以充分印證他那為民請命的人道關懷，如1925年的新詩〈覺悟下的犧牲〉，副題為〈寄二林事件的戰友〉，便是作於二林蔗農抗爭之際。即時為台灣蔗農抱不平，呈現殖民地台灣人民被壓榨的慘況，賴和並為被蹂躪的弱者之覺悟給予高度的禮讚，全詩充滿賴和滿腔的愛國情懷，及反殖民的高度抗議精神！1925年至1926年台灣總督府實行所謂的「退職官拂下（批售）無斷（擅自）開墾地」政策，將台灣農民辛苦開墾的土地，低價被迫賣給日本退職官員，造成農民流離失所，無以為生。睹此慘境，賴和悲憤的在《臺灣新民報》連載其〈流離曲〉，即以此為背景，將農民失去土地痛苦掙扎生存之情景，生動的紀錄下來。

賴和的另一首動人史詩〈南國哀歌〉，也是以「霧社事件」為背景，用簡潔有力的詞句和慷慨激昂的旋律，將原住民同胞反抗暴日之壯舉，留下了可歌可泣的歷史見證。除了詩外，賴和的小說也隨時流露其同情弱者，反抗強權的個性，如〈一桿「秤子」〉即充分反映被壓迫人民不屈的反抗意志和奮鬥精神的社會寫實之作，藉貧苦賣菜小販秦得參那可悲的身世，觀照了日帝統治下，台灣一般農民及農村社會沒落殘敗的景象。

　　賴和不管是寫小說或新詩，除人道關懷的主題外，尚緊扣社會寫實的文學路線。他的小說甚多反映被壓迫者的反抗心聲，表達農村社會的艱苦生活，如其取材傳記小說的〈善訟的人的故事〉，也是描寫鄉土小民反抗強權的奮鬥事蹟，揭示了台灣人在日本統治下的種種苦難，難怪葉石濤稱其為台灣鄉土文學的先驅。至於賴和的新文學主張，他強調要以台灣大眾日常使用的台灣話文，去建設言文一致的大眾化文學。藉著各種口語、方言的運用，去呈現台灣的鄉土特色，且要將反帝、反封建的民族意識，直接傳達到基層民眾中，以達成文章救國淑世之目的。

　　總之，在日治時期的台灣新文學運動中，賴和以反帝、反封建為其主要的文學主題，輔之以人道主義和寫實主義的筆觸，率先提倡創作具有地方色彩的鄉土文學。他在文學上的成就，不僅是鼓動風潮，更是領袖群倫影響深遠。張恆豪言：「他的寫實精神引導了不少的繼起者，尤其是楊守愚、陳虛谷、王詩琅；他的反諷技法影響了蔡愁洞、吳濁流、葉石濤；而他那不屈不撓的抗議勇氣更鼓舞了楊華、楊逵、呂赫若。可以說，臺灣新文學的紮根從賴和開始著手，而賴和的崛起才奠定了現代臺灣文學的基礎。」這是相當平實貼切的評價。

開拓時期之台灣新文學

台灣新文學運動的開拓期始於1920年《臺灣青年》之創刊，該刊由蔡培火任編輯兼發行人，主要作者有林呈祿、彭華英、王敏川、蔡式穀、石煥長、羅萬俥、陳炘、吳三連、劉明朝等留日學生。該刊以「介紹內外之文明併評論我臺應改善之事項，兼謀日華之親善」為宗旨，為「新民會」喉舌，主要是配合台灣島內反日文化運動而創刊之雜誌。內容雖集中在政治、經濟、教育、社會等層面之探討，但也有若干文學應走方向之文章，開白話文運動的先聲，也標誌台灣新文學運動之始。因為從《臺灣青年》創刊後，青年知識份子由此展開熱烈的文學革命運動，其歷史意義至為重大。

《臺灣青年》後改名為《臺灣》，由林呈祿負責，內容文學評價、小說、詩的比例已增多，顯見對於文學的關懷和興趣已大為提高。其中黃呈聰的〈論普及白話文的新使命〉、黃朝琴之〈漢文改革論〉被視為台灣文學革命的先驅。追風的〈她要往何處去〉，則是台灣第一篇新文學小說，別具意義。1925年3月11日，中學時代的楊雲萍與好友江夢筆，創辦了台灣第一本白話文純文藝雜誌《人人》。該雜誌可說是楊雲萍個人之雜誌，在其中楊雲萍發表了大量小說和新詩，如〈罪與罪〉、〈小鳥兒〉、〈相片、即興、月兒〉、〈吟草集〉、〈夜雨〉、〈無題〉、〈泉水〉、〈暮日的車中〉等。

　　楊雲萍在台灣新文學開拓期（1920－1927）頗具開創實績，與張我軍、賴和並列為開創期新文學三傑。他在新文學領域最具成就的是白話文小說，計有〈月下〉、〈光臨〉、〈罪與罪〉、〈到異鄉〉、〈弟兄〉、〈黃昏的蔗園〉、〈加里飯〉等。這些小說與賴和一樣，都兼具反帝和寫實精神，為台灣新文學運動草創時期的嘗試作品，雖然篇幅不長，格局也不大，但仍有其獨樹一幟的表現。

　　基本上，台灣新文學運動開拓時期之創作數量並不豐碩，除若干新詩、小說外；散文、戲劇尤少。散文有張我軍的〈隨感錄〉、〈南遊印象記〉及賴和的〈無題〉較具代表性。另外蔣渭水於獄中所作的〈入獄日記〉與〈入獄感想〉則為台灣最早之監獄報導文學。戲劇有張梗的〈屈原〉和化名逃堯所寫的〈絕裾〉，因結構簡單，主題明顯，有拋磚引玉之功，但文學價值不高。

　　其實任何文學在草創時期，其作品之稚嫩和欠成熟是必然的，其藝術性略嫌薄弱粗糙也在所難免，張恆豪對此有很細膩的觀察。他說：「早期的作家把文學當作反映時代、改革社會、喚醒民智、反抗異族的工具，他們對於文學獨立性的自覺是不夠的，因而他們作品的藝術性就顯得比較粗糙、膚淺，或是不成熟」，誠哉斯言，確係如此。

台灣新文學之發展期

　　二〇年代是全世界無產階級運動風起雲湧的年代，從蘇共
到中共都建立了共產黨組織，並開始向外「輸出革命」宣揚無
產階級革命意識。1928年4月15日，謝雪紅、林木順、翁澤生、
林日高、潘欽信、陳來旺、張茂良等人，正式於上海成立「臺
灣共產黨」。台共誕生後，即積極宣傳左翼的普羅文學觀（無
產階級革命文學），並在台灣發行一系列左翼刊物。如《伍
人報》、《臺灣戰線》、《洪水報》、《明日》、《現代生
活》、《赤道》、《新臺灣戰線》、《臺灣文學》等，作為宣
傳主義的工具。

　　這些雜誌不全然是新文學雜誌，但對台灣新文學運動之
推展，仍有其貢獻。其中像朱點人〈一個失戀者的日記〉、黃
石輝〈怎樣不提倡鄉土文學〉、王詩琅〈新文學小論〉、子野
〈中國文壇的介紹〉、楊松茂小說〈新郎的禮數〉、黃天海的
戲曲〈蟲的生活〉、莊松林的〈女同志〉、〈到酒樓去〉等，
均在上述刊物發表。王詩琅曾中肯的評論，他說：「這些刊
物，除了《臺灣戰線》明白地標榜是文藝雜誌之外，其餘都是
綜合性的，所刊載的文藝作品和評論，只是其中的一部份。但
他們為了臺灣文藝舖下一段不短的康莊大道，為了臺灣新文學
運動作過間接的貢獻。在當日他們或者沒有意識到，但從今天
看起來，它的功績卻是不可磨滅的。」

　　頗值一提的是《南音》雜誌，它是由「南音社」發刊的一份白話文純文藝半月刊，該刊創辦人為黃春成，葉榮鐘為主要推手。在〈發刊詞〉中，葉榮鐘明確揭示《南音》的使命為設法使思想和文藝普遍化，及提供作品的發表園地，鼓勵作家多多創作。《南音》內容中，陳逢源的〈對於臺灣舊詩壇投下一巨大的炸彈〉，是一篇抨擊台灣傳統詩作的鴻文，擲地有聲，成為新舊文學論爭中極具分量的篇章。創作方面有賴和的〈歸家〉、〈惹事〉；周定山的〈老成黨〉、赤子的〈擦鞋匠〉等不少現實性的鄉土小說。其中賴和的影響最大，創辦人黃春成即將《南音》的成就歸功於賴和，說「假使《南音》有點聲譽，他的功勞是不可埋沒的」。

　　《南音》提倡文藝大眾化，強調要去描寫現在的台灣人全體共通的生活、感情、要求和解放的「第三文學」。葉榮鐘言：「第三文學須是腳立臺灣的大地，頭頂臺灣的蒼空，不事模倣，不赴流行，非由臺灣人的血和肉創作出來不可。這樣的文學纔有完全的自由，纔有完全的平等，進一步也纔可以寄與世界的文學界。」《南音》創刊時，正值鄉土話文運動如火如荼進行之際，《南音》也加入其論戰行列，曾開闢「臺灣話文討論欄」、「臺灣話文的新字問題」等專欄，引發賴明弘、黃春成、黃石輝、郭秋生、莊垂勝等人之筆戰。《南音》主張「臺灣話文」的創作，顯現濃厚的鄉土風格，與主張中國白話文的《臺灣新民報》，形成台灣新文學運動的兩大中心。

《南音》擁有相當優秀的作家群，如周定山、李獻璋、黃純青、郭秋生、洪炎秋、黃得時、黃春成、林幼春、黃石輝、陳虛谷、廖毓文、賴和等，均為台灣新文學之菁英。《南音》無論在質與量都比過去的出版物進步，它的誕生標示著台灣新文學刊物的一大轉型，即由政治性、綜合性報紙上的一隅，移轉到專業性、獨立性且園地遼闊的文藝刊物，帶動台灣文藝雜誌的流行，從此文藝社團和文藝刊物如雨後春筍般在台灣風行起來。

《南音》之後，蘇維雄、王白淵、劉捷、張文環、巫永福、吳坤煌等人，於1933年3月20日在東京成立第一個台灣人的合法文藝團體「臺灣藝術研究會」。該會會則標明「為圖臺灣文學及藝術之向上」，決定刊行機關雜誌《福爾摩沙》。《福爾摩沙》於1933年7月15日創刊，是份受左翼團體影響下的雜誌，刊物本身政治色彩甚薄，反而著重於鄉土風格文學的創造，以穩健的態度帶動台灣文學的發展。《福爾摩沙》雖然只發行三號後，即因經濟困難而合併於「臺灣文藝聯盟」之《臺灣文藝》，但仍有若干優異作品登載其上，如張文環之〈落蕾〉、〈貞操〉；巫永福的〈首與體〉、〈黑龍〉及戲曲〈紅綠賊〉；王白淵的〈唐璜與加彭尼〉和後起之秀女作家張碧華的〈上弦月〉等，均頗具特色。

受到東京「臺灣藝術研究會」之鼓勵，本島文藝青年廖毓文、郭秋生、黃得時、朱點人、王詩琅等，也於1933年10月25日成立「臺灣文藝協會」與之呼應，並於1934年7月15日發刊

《先發部隊》為該社機關刊物。該刊有幾篇文章頗具代表性，如芥舟〈臺灣新文學的出路〉、青萍〈詩歌的科學性〉、逸生〈文學的時代性〉、黃得時〈科學上的真與藝術上的真〉等，都是為《先發部隊》作為台灣新文學推進與領導者的角色而作。

此外，該刊也闢「臺灣新文學出路的探究」專欄，對台灣新文學運動之發展作一全盤的檢討。小說方面的創作有點人的〈紀念樹〉、趙啟明之〈私奔〉、毓文〈創痕〉和克夫〈秋菊的告白〉，其中朱點人的〈紀念樹〉頗獲好評，張深切譽為「臺灣創作界的麒麟兒」。惜《先發部隊》僅出一期即停刊，但它已樹立了台灣文藝雜誌的水準，尤其「臺灣新文學出路的探究」一欄，更顯示台灣文藝青年正有意識的積極尋求台灣文學的出路。

「臺灣文藝聯盟」之成立

在《先發部隊》出刊後，台灣新文學運動之巨浪已澎湃全島逐漸步入坦途，但因當時文藝界人士彼此缺乏聯繫，所以藝文界有必要進一步的大團結，方可對今後的新文學運動產生更大的影響。基於此，乃有作家提議召開全島性的文藝大會，1934年5月6日，「臺灣文藝聯盟」終於在台中市召開，主要負責籌劃者為賴明弘及張深切。「臺灣文藝聯盟」之宗旨為「聯絡臺灣文藝家，互相圖謀親睦，以振興臺灣文藝」。聯盟並選

出黃純青、黃得時、林克夫、廖毓文、吳逸生、趙櫪馬、賴明弘、賴和、張深切、郭水潭、蔡秋桐等人為委員。

　　「臺灣文藝聯盟」成立後，先後在全島成立支部，於各地舉行文藝座談會，聲勢浩大，不僅是台灣文壇的主流，也成為台灣知識份子的精神堡壘。「臺灣文藝聯盟」是台灣作家空前之大團結，有力的促進了台灣新文學運動，其意義非凡。賴明弘即言：「文藝聯盟成立之後，臺灣知識份子已有了精神支柱，有了發表的舞臺，更以文聯為中心，文學同路者緊密地聯繫起來了。」又說：「臺灣文學運動，其具有意識性、形象性、具備性，實即由於臺灣文藝聯盟的成立而發軔而發展。」「文藝團結了作家，團結了知識份子，更溶化所有反封建，反統治的，富有民族意識的臺灣文學於一爐，展開了提高文學和文化水準的工作，並確保了臺灣精神文化的基礎，而對異族表示了堅毅不移的抵抗。所以我敢說，這是臺灣知識份子的重大表現，其所留下的足跡是具有歷史性的。」賴明弘的評論是具有時代遠見的，「臺灣文藝聯盟」在台灣新文學運動史上之地位確係如此當之無愧。

　　「臺灣文藝聯盟」成立後，發行《臺灣文藝》雜誌，面對《臺灣文藝》的競爭及各方之期許，《先發部隊》於1935年1月6日，以《第一線》刊名重新問世，內容中詩歌與小說的創作水準已大幅提高。《第一線》最大之特色為「民間文學的認識」，論述蒐集台灣民間文學的迫切性，裡頭並置「臺灣民

間故事特輯」，收錄了廖毓文、李獻璋、蔡德音等人蒐集的民
間故事十餘篇。戲劇有廖毓文的〈逃亡〉；小說創作芥舟〈王
都鄉〉、朱點人〈蟬〉、王錦江〈夜雨〉和林越峰之〈月下情
話〉均有不錯的評價。至於《臺灣文藝》於1934年11月5日創
刊，至1936年8月28日停刊，共發行十五期，是台灣人創辦雜誌
壽命最長者，也是作家最多，對於文化影響最大之雜誌。《臺
灣文藝》內容充實且多樣化，文學評論以張深切〈對臺灣新文
學路線的一提案〉最重要，張文指出台灣文學要站在獨自的立
場，即建築在台灣一切「真、實」的路線上，隨台灣的社會歷
史之進展而進展，張文的主張和當時文壇的「鄉土文學」之倡
議頗相呼應，最具份量。

　　小說方面產量頗多，較著者有張深切〈鴨母〉、賴和〈善
訟的人的故事〉、楊華〈一個勞動者的死〉、王錦江〈青春〉
與〈沒落〉、蔡德音〈補運〉、廖毓文〈玉兒的悲哀〉、楊守
愚〈難兄難弟〉、蔡秋洞〈興兒〉和〈理想鄉〉、〈媒婆〉、
朱點人之〈無花果〉、〈安息之日〉等，無論技巧或構思皆較
前進步良多，象徵新文學運動逐漸邁向成熟之境。詩歌方面亦
作品極多，大體以描寫台灣美麗風光或內心苦悶表達內心情感
之作為多，主要詩人有楊華、賴和、翁鬧、吳新榮、郭水潭、
吳天賞、張慶堂、朱點人、吳坤煌、楊守愚、蔡德音、吳坤
成、巫永福等。美中不足的是《臺灣文藝》較弱一環仍是散文
及戲曲，作品不多且乏善可陳。

　　「臺灣文藝聯盟」時期，可說是臺灣新文學運動的黃金時代，作品質量均佳，也幾乎網羅了全島的文藝作家菁英。可惜是隨著台灣人受日文教育的增多，日文已成強勢語言，故在《臺灣文藝》後期，日文稿件反較中文為多。比較前後期的作品，更有特色，黃得時評論的很好，他認為前期作品政治色彩較濃，充滿強烈的反日氛圍；後期作品卻含有濃郁的藝術氣味，代表台灣文學運動已漸脫離政治對抗，而走向文學獨立的境地了。

　　另有一刊物為《臺灣新文學》，該刊由楊逵集資於1935年12月28日創刊。楊逵創辦《臺灣新文學》是因不滿文聯組織鬆散且把持在張深切少數人之手，又與《臺灣文藝》的編輯張星建意見相左，故毅然退出，而自辦《臺灣新文學》。

　　《臺灣新文學》幾由楊逵一手包辦，取材以支持民族自決或自由民主理念的作品均受歡迎，每期都刊有讀者通訊以加強聯繫，並多次舉辦「臺灣新文學賞」及「全島作家競作號」，對於鼓吹新文學創作不遺餘力。尤其在《臺灣文藝》停刊後，《臺灣新文學》便成為推動新文學運動的唯一刊物。由於楊逵一向主張台灣文學是寫實的、現實主義的文學運動，應和窮苦大眾打成一片，所以在楊逵的影響之下，《臺灣新文學》更具有濃厚的寫實主義色彩。總的來說，誠如黃得時的評價：「《臺灣文藝》和《臺灣新文學》的壽命不過是三年而已，可是在這短短的三年之中，所獲得的效果，比過去十幾年的效果都來得大，堪稱在臺灣文學史上劃下一段光輝燦爛的時期。」

台灣話文運動

所謂台灣話文，是指相對於以北京話為主的白話文，而為台灣大多數民眾日常所使用的閩南語而言。三〇年代的台灣話文運動即是為適應台灣的特殊性，以建設台灣獨自的文化，而主張用台灣的語言來描寫台灣的事物。其目的不單只是在保存台灣語，進一步更是希望把台灣語文字化，以代替日文、文言文或白話文，企圖消滅文盲以擴大台灣新文學運動的社會基礎。

台灣話文運動是在三〇年代，繼「羅馬字運動」後而起的文字改革運動，基本上可分為「台灣話文保存運動」與「台灣話文建設運動」兩階段。最早主張保存台灣語的先驅人物是連溫卿，他早在1924年10月1日，即在《臺灣民報》發表了〈言語之社會的性質〉；接著連氏再發表〈將來之臺灣話〉一最具代表性文章，認為言語是從每日生活上生出來的，是表達社會觀念的工具，他並批判殖民統治者的言語侵略政策，呼籲排斥日本麻痺人心的言語高壓政策，強調要設法保存台灣話，並進行整理，改造我們的台灣話，以適應社會生活的需求。

比台灣語保存運動更積極主張的是，提倡用台灣語寫作的鄭坤五，然因鄭坤五的論述缺乏系統，開始時並未引起注意。直到黃石輝、郭秋生二人挺身力倡，才正式展開「台灣話文運動」並點燃了「鄉土文學論戰」。黃石輝強調要「用台灣話做文，用台灣話做詩，用台灣話做小說，用台灣話做歌謠，描寫

台灣的事物」。亦即極力主張要用台灣話文寫作文藝,而非貴族式的文言文或白話文,且堅決主張文學內容大眾化的訴求。

繼黃石輝後,郭秋生也在《臺灣新聞》上發表〈建設臺灣話文一提案〉以為聲援,主張「言文一致的台灣話文」之重要性。他認為台灣話文之優點為容易學、學得的字可以隨學隨寫、讀者易於理解等,因此認為台灣文學採用台灣話文書寫有其必要。台灣話文的主張當然也有持反對意見的,雙方甚至引發論戰,最後終無法取得一致的共識,但仍有其時代意義。

葉石濤即言:「臺灣話文的建立運動,顯示著臺灣新文學已經從語文改革的形式進到內容的追究,向前跨了一大步。這些各種主張,其目的在於使臺灣新文學如何才能打進廣大的臺灣民眾裏,使得臺灣新文學成為臺灣民眾的精神食糧,影響民眾的精神結構,使得民眾變成近代化的人民,獲得民族解放。」

鄉土文學論爭

三〇年代台灣新文學的鄉土文學論爭是延伸台灣話文運動而來的,1930年8月16日,黃石輝在《伍人報》發表了一篇〈怎樣不提倡鄉土文學〉而吹動文壇一波春水。該文說到:「你是臺灣人,你頭戴臺灣天,腳踏臺灣地,眼睛所看的是臺灣的狀況,耳孔所聽見的是臺灣的消息,時間所歷的亦是臺灣的經

驗，嘴裏所說的亦是臺灣的語言，所以你的那枝如椽的健筆，生花的彩筆，亦應該去寫臺灣的文學了。」這是一段要將台灣新文學徹底本土化的訴求。

1931年7月24日，黃氏又於《臺灣新聞》發表〈再談鄉土文學〉，依然強調鄉土文學的功用，並認為「就是因為鄉土文學是代表說話的，而一地方有一地方的話，所以要鄉土文學」。且「因為我們所寫的是要給我們最親近的人看的，不是要特別給遠方的人看的，所以要用我們最親近的語言事物，就是說要用臺灣話描寫臺灣的事物。」

黃石輝的主張得到郭秋生的響應，但也招來反對的批評，廖毓文首先發難，他於1931年8月1日的《昭和新報》撰〈給黃石輝先生——鄉土文學之再吟味〉一文，批判黃石輝論文過於泛渺，缺乏時代性和階級性，並認為黃氏理論不通，文學之構成條件並非如此簡單，他最後甚至反問「一地方要一地方的文學，臺灣五州，中國十八省別，也要如數的鄉土文學嗎？」廖文披露後，亦得到林克夫及朱點人的為文贊成，而黃石輝之見解亦獲得黃純青的認同，兩方陣營為此「屈文就話」或「屈話就文」發生論戰，歷時兩年餘。

支持台灣話文派的有黃石輝、郭秋生、鄭坤五、莊遂性、黃純青、黃春成、李獻璋、賴和、葉榮鐘、周定山、陳虛谷、楊守愚等人；主張中國話文派的有廖毓文、林克夫、朱點人、賴明弘、王詩琅、張我軍、楊雲萍、林越峰等。論戰舞台包含

了《臺灣新聞》、《臺灣新民報》、《昭和新報》、《臺灣日日新聞》、《三六九小報》、《伍人報》、《南音》等主要刊物。論戰結果雖然贊同鄉土話文的略佔上風，但因雙方無任何交集，最後仍沒得到結論而偃旗息鼓了。平情而論，台灣話文運動及鄉土文學論爭看似無結果，但其背後隱藏之台灣文學創作的自主意識仍是十分明顯的。

主要文學作品述評

台灣新文學在發展期可說名家輩出，佳作連連，且題材多元。社會主義信仰者楊逵的小說充滿著反日殖民統治意識，也因此其代表作〈送報伕〉，即因反日色彩濃厚而遭禁。另外像賴和的〈一桿「秤子」〉、呂赫若的〈牛車〉、龍瑛宗的〈植有木瓜的小鎮〉均屬此類抗日之「抗議文學」的代表作品。其中楊逵的〈送報伕〉深刻描述在日本帝國主義下台灣人民的痛苦，此小說是楊逵根據他在日本困苦求學期間的親身體認，兼以其自小眼見日軍殘殺台灣人民之暴行，而激發他寫出此一台灣人民的辛酸血淚生活，並抗議殘酷殖民統治的巨構。

台灣新文學運動因〈送報伕〉的出現而達於頂峰，並足以和日本作家相頡頏，無怪乎葉石濤稱其為「所有反帝反封建為主題的臺灣小說的集大成」。並評論說：「楊逵的這篇小說最

大的貢獻，在於他把臺灣新文學作品的反帝反封建的主要思想，以巨視性的觀點跟全世界被壓迫的農工階級的解放運動連結起來，使得臺灣新文學運動，成為世界性被壓迫的所有農工和弱小民族的抗議運動的一環。」楊逵此作，其歷史意義不容忽視。

反帝與反封建為台灣新文學運動的兩大目標，也是新文學作品的主題所在，楊雲萍小說〈秋菊的半生〉，即為解放不幸婦女，企求打破不公不義封建社會的佳作。另外楊守愚的〈出走的前一夜〉、翁鬧之〈殘雪〉均是以反封建制度為主的小說。日治時代小說題材以撻伐日本警察為內容的有很多，陳虛谷的〈他發財了〉、〈放炮〉皆為諷刺日本「大人」貪婪無厭的嘴臉。另外，楊守愚的〈十字街頭〉、〈顛倒死〉及蔡秋桐的〈王爺豬〉，亦是以寫實的筆法，來控訴呈現日本警察的暴行。除此之外，像諷刺御用士紳及刻劃農民困苦的小說亦所在多有，朱點人的〈脫穎〉、蔡愁洞之〈保正伯〉；蔣子敬詩〈耕田〉、楊守愚的〈凶年不免於死亡〉、〈誰害了她〉、〈升租〉都是此類反映農民生活疾苦的代表作。

總結發展期之台灣新文學，不論作品的量與質均大幅提昇，比起日本和中國大陸也不遑多讓。唯一遺憾的是，因為日語的普及化，到後期用日語創作的作家已超越用中國白話文的作家。日治時期的台灣新文學，各種雜誌琳瑯滿目，且文學的

政治色彩逐漸淡化，走向文學獨立的境界。難能可貴的是，他們用寫實的筆觸，利用台灣話文的鄉土特色，凝聚成一強力隊伍，為台灣庶民大眾發抒他們真正的心聲。

戰鼓聲中的台灣新文學

三〇年代大戰前夕，台灣新文學仍沉醉在一片歌舞昇平之中，1935年5月9日，由「風月俱樂部」發行白話文言並用的《風月報》雜誌。該刊強調「但論文藝，不談政治」的編輯政策，只是茶餘飯後的消遣品，是文人墨客的遊戲場，還真貼切符合風月之旨趣。然裡頭亦有若干好作品，如徐坤泉〈新孟母〉、吳漫沙之〈桃花江〉均是。1941年7月1日，為因應戰爭需要，《風月報》易名為《南方》，並以建設南方共榮圈為目的之宣傳機關。「皇民化運動」後，《南方》更不諱言它們是要宣傳日本文化的精粹，明徵國體的本義、宣行教化，善導思想，期國民精神的醇化；並明言其欲做大眾文藝的公表機關，促進台灣文藝界，特別是戰爭文學、皇民文學、興亞文學的振興。

《南方》為日本之御用刊物，為台灣新文學的永續發展，由一群在台日本作家結合台灣本土作家，於1939年9月9日在台北市成立了「臺灣詩人協會」，並創辦詩刊《華麗島》。該刊僅辦一期即合併於《文藝臺灣》，但詩作驚人，可以感受到詩人熾烈的創作慾和台灣詩壇之澎湃，其中郭水潭詩〈世紀之歌〉

為一首充滿反戰意味之詩即發表於該刊上。1940年1月1日，以「臺灣詩人協會」為班底，結合台籍作家的「臺灣文藝家協會」，聯合發行了《文藝臺灣》日文雙月刊。這是一本集小說、劇作、詩、民俗於一身之綜合性文藝雜誌，惟內容取材及作者讀者均以日人居多，故影響層面有限。但其後該刊由西川滿一手主導，且作為日本統治階層的宣傳刊物，不但刊期久，至1944年元旦方停刊，銷路也不錯，頗受日本國內文藝界的好評。

《文藝臺灣》為台日作家共同耕耘的園地，台灣作家如張文環、楊雲萍、黃得時、邱永漢、林芳年、楊熾昌、龍瑛宗、葉石濤、陳火泉、周金波等均在其上刊登作品。較著者有龍瑛宗〈村姑逝矣！〉、〈白色的山脈〉、〈不被知道的幸福〉；葉石濤的〈林君寄來的信〉、〈春怨〉；陳火泉的〈道〉、〈張先生〉；周金波之〈水癌〉、〈志願兵〉、〈尺子的誕生〉、〈鄉愁〉等。由於西川滿是個唯美主義的藝術至上論者，故《文藝臺灣》也不免染上濃厚的浪漫耽美色彩，不但特別重視美術與新詩，對於饒富異國情趣的外地文學更是積極引介提倡，使《文藝臺灣》成了外地文學之大本營。可惜隨著後期「皇民化運動」如火如荼的進行，《文藝臺灣》從高唱藝術至上之刊物，轉變為皇民化宣傳之喉舌，經常刊出配合時局的戰爭文學作品，以示文章報國之決心，鼓吹「大東亞戰爭」，已淪為政治之工具矣！

　　因著《文藝臺灣》已成為日本帝國主義侵略的工具，背離了原先提倡文藝的原始目標，一些台籍作家如張文環、張星建、陳紹馨、黃得時、巫永福、王井泉等乃聯合其他日籍作家如張健次郎、楊佐三郎、田中保男等另組《臺灣文學》季刊。《臺灣文學》於1941年5月27日創刊，實際編務由張文環負責，主要台籍作者有張文環、黃得時、巫永福、吳新榮、吳天賞、陳逸松、王井泉等，另外亦網羅龍瑛宗、楊逵、楊雲萍、呂赫若等台灣知名作家，而成為上承「臺灣文藝聯盟」時期，台灣作家的再一次大集結。

　　承續台灣新文學反帝、反封建的優良傳統，《臺灣文學》充滿著寫實主義色彩的作品，多反映在太平洋戰爭下台灣民眾的苦難歲月，暗批日本帝國主義的侵略政策。其中重要之文學創作如張文環的〈藝姐之家〉、〈論語與雞〉、〈夜猿〉、〈頓悟〉、〈閹雞〉、〈迷兒〉；呂赫若〈財子壽〉、〈風水〉、〈月夜〉；楊逵〈無醫村〉，巫永福〈慾〉，王昶雄的〈奔流〉，龍瑛宗〈蓮霧的庭院〉，吳新榮的〈亡妻記〉等皆一時之選，張文環的〈藝姐之家〉和〈夜猿〉等小說，更是達到台灣寫實主義的頂峰。大戰末期，1944年5月1日，總督府當局尚發行《臺灣文藝》日文月刊，但此一刊物因以日文作家為主，宣傳國策的意味濃厚，為一典型的皇民文學刊物，兼以台灣作家配合意願不高，只發行八期即停刊，影響不大。

決戰下的皇民文學

日本統治台灣末期，尤以在太平洋戰爭後，為加強殖民地的戰時新體制運動，在台灣提出了「皇民化、工業化、基地化」的「治臺三策」。而其首要任務即「皇民化運動」，其內容包括改姓名運動、取消漢文教育、禁用漢字漢語、更改服飾、禁止言論、出版、集會、結社自由等等名目繁多的項目，而強迫台灣人民要加入皇民組織，以灌輸「國體明徵」的天皇中心思想與皇民精神。

在皇民化風潮下，台灣也於1941年4月18日成立了「皇民奉公會」來加以執行。皇民奉公會下又有「臺灣文學奉公會」等外圍組織，並發行《臺灣時報》及《新建設》等宣傳刊物。不僅如此，1942年日本更派其國內文藝作家如菊池寬、久米正雄、中野實、吉川英治等來台舉行「戰時文藝演講會」，並召開「大東亞文學者大會」。第一次於1942年11月於東京舉行，台灣作家有龍瑛宗、張文環參加，台灣作家被迫作了〈樹立新文化〉、〈道義文化的優位〉、〈感謝從軍作家〉等表態發言。第二次「大東亞文學者大會」於1943年8月在東京舉行，台灣參加者有楊雲萍、周金波、張我軍等人。

1943年11月13日，日本文學報國會在台北舉行「臺灣決戰文學會議」，以確立本島文學決戰態勢和文學者的戰爭協力為

議題，目的在動員全台灣文學工作者，展開思想戰，建立決戰
文學體制，以配合武力戰爭。出席該次會議的台灣作家有郭水
潭、黃得時、吳新榮、張文環、周金波、陳火泉、楊雲萍、楊
逵、呂赫若、龍瑛宗、張星建等，在文學奉公會的分配之下，
台灣作家被分發到各生產工廠或工作場所，去寫作實地採訪所
得的報導文學，以為日本敗象粉飾太平歌功頌德。

　　基本上，日治末期的「皇民文學」，是台灣作家在強大
法西斯力量摧殘下，在精神上迫於現實環境，不得不屈服，而
表面上認同日本殖民統治，美化侵略戰爭的妥協性之「時局文
學」。它是扭曲時代的產物，也是在日本高壓統治下的必然
結果。即令是「皇民文學」，換個角度想，也是被虐待被迫害
台灣同胞的泣血之作。感同身受的葉石濤即評論言：「『皇民
化』的強調，越發使得臺灣民眾的『臺灣意識』凝結起來。日
據時代，特別是決戰時代的臺灣民眾，受到殖民者的組織化和
壓迫，他們的民族意識有增漲而秩序化的趨勢。」基於此一觀
點，葉石濤反而認為像「張文環在抗戰時期發表的小說〈閹
雞〉、〈夜猿〉、〈藝姐之家〉、〈論語與雞〉，都是民族意
識強烈的作品，同時有豐富的人道主義思想。」

　　不僅對張文環，葉石濤對呂赫若、龍瑛宗的看法亦是如
此，認為他們的作品都充滿著漢族意識，隱含著反抗精神。至
於深富戰鬥精神充滿抗爭意識的楊逵更不在話下，楊逵於戰爭
期間所發表一系列小說如〈無醫村〉、〈泥娃娃〉、〈鵝媽

媽出嫁〉及編劇的〈怒吼吧！中國〉、〈天狗熱〉等更是漢族意識強烈的反「皇民化」之作。其實比較具有爭議性的是王昶雄的〈奔流〉、陳火泉的〈道〉和周金波之〈水癌〉、〈志願兵〉等被評為皇民文學的作品。但張恆豪卻認為此小說雖有媚日之嫌，但骨子裡卻隱含對日本殖民主義的皇民政策，提出批判；而王昶雄也辯駁其〈奔流〉是描寫日治末期在皇民化運動下，本土知識份子的苦悶與掙扎。

另外陳火泉及周金波之小說雖係皇民文學作品，但處身日帝高壓統治下，那些作品和言論其實是時代和環境逼迫所致，我們固然無須肯定其作品，但宜將心比心的同情其困境，尤其不要完全污名化的全盤否定決戰時期的台灣作家和其作品。

◼◼ 第三講：戰後之台灣文學

光復初期之台灣文學

　　光復初期的台灣文學，曾經有過一段短暫而輝煌的歲月，彼時台灣最高行政長官陳儀，為使台灣早日全面「去日本化」，積極推動國語教育，強力灌輸中國的文史知識，以求快速使台灣「中國化」，因此，在台灣形成所謂的「文化重建」（cultural reconstruction）運動。陳儀雖然在台灣實施「中國化」的教育，但是「中國化」的內容是全面的，而非僅是國民黨的意識形態。是以，在陳儀掌台政期間，台灣文學史上出現少見的「左翼文學」榮景。不但三〇年代左翼文藝思潮成為當時不少台灣文藝青年汲取的精神食糧，魯迅的作品更是堂而皇之的在台灣公開流傳。

　　時任台灣省編譯館館長的許壽裳，因其與魯迅淵源甚深，在台灣大力傳播介紹魯迅思想，試圖在台灣掀起新的五四運動，以重建台灣文化。而台灣的知識份子，基於對回歸祖國的認同，也自發的以「中國化」為台灣文化重建之方向。當時由台省菁英所組成的「台灣文化協進會」，即為一最具代表性的文學團體。「台灣文化協進會」在其機關刊物《台灣文化》

的創刊宗旨上，即清楚明白的說，該刊發行之目的在於協助政府宣揚三民主義，以推行國語、國文為目的。其後出現的《政經報》、《新生報》、《新新》、《人民導報》、《民報》、《台灣月刊》等，大底宗旨均不離此。

而隨著文化重建的展開，台灣作家也逐漸拋棄日文寫作，努力不捨的學習用中文創作，時專門提供給作家發表的文學園地並不多，只有《中華日報》的文藝副刊及《台灣文化》、《政經報》等處。其中以龍瑛宗主編的《中華日報》及楊逵主編的《和平日報》副刊「新世紀」為較重要的文學園地，實際上也是扮演了延續昔日新文學運動的重大使命。

光復初期，台灣作家在語言文字轉換的過程中，先以日文撰寫作品較多，後因有關當局下令報刊禁用日文，日文作品遂大量減少，相當多日治時代優秀的台灣作家，因不諳中文書寫，被迫提前結束其文學生命，這種無奈，不能不說是時代的悲劇。基本上，光復初期台灣作家的作品，在內容及題材上，大多以反省日本統治或殖民地經驗居多，如呂赫若的〈月光光──光復以前〉和龍瑛宗的〈青天白日旗〉均屬此類。隨後因陳儀統治的失當，諸多缺失開始浮上檯面，台灣作家秉持著知識份子的批判意識，在「祖國熱」退燒後，也開始出現對新統治者的質疑與批判的作品。此類作品的範圍涵蓋甚廣，舉凡政治、經濟、社會問題都有，其中以蘇新的〈農村自衛隊〉與呂赫若的〈冬夜〉為代表。

　　1947年的「228事件」，對台灣人民的傷害與影響可謂空前絕後，而對台灣文學發展的影響也很大，至少有兩點值得一述：一為日治以來的台灣本土作家逐漸退出文學舞台，如張文環因時代變局和語言問題而擱筆，吳新榮、王詩琅、楊雲萍等則轉往文獻整理或學術研究發展；另有一些較激進的台灣作家如呂赫若、朱點人則搖身一變走入「革命行列」，變成鼓吹打倒專制統治政權的「紅色作家」。

　　二為主要的發表園地大多由外省籍作家所主控，「228事件」後，在官方的扶持下，當時絕大多數的台灣媒體都掌握在外省作家手中。在此期間，有兩個主編不得不提，由歌雷主編的《台灣新生報》「橋」副刊，積極發起「台灣文學重建」活動，希望能打破沉悶空氣，振興戰後低迷的文藝。難能可貴的是，歌雷雖是外省籍，但他對台灣本土作家卻一視同仁鼓勵有加，青年葉石濤的一些創作即發表於此園地。

　　另一個編者為始終堅信社會主義的作家楊逵，楊逵時主編《台灣文學》叢刊，「銀鈴會」受他影響頗大。楊逵一貫強烈的現實主義立場，強調「認識台灣現實，反映台灣現實，表現台灣人民的生活感情與思想動向」是台灣作家責無旁貸的神聖使命。時「銀鈴會」年輕作家較多，都奉楊逵的文學主張為規臬，其中以蕭翔文的小說創作較豐成就較大。

　　而客籍作家吳濁流於此期間所發表的小說〈波茨坦科長〉，則更是具有代表性的扛鼎之作，作者以犀利的筆鋒，暴

露「劫收」政權的貪污腐化，呈現台灣人對祖國理想的幻滅，是戰後重塑台灣真實面貌的難得佳作。1949年，楊逵與歌雷因「4‧6事件」遭捕，隨著當時這兩位文壇最具份量人物的鋃鐺入獄，光復初期的台灣文學正式宣告終結，其後的五〇年代，國府遷台，台灣文學進入了「白色恐怖」的反共文學階段。

反共文學當道的年代

　　五〇年代初期，大陸國、共內戰結束，國府播遷來台。緊接著，韓戰爆發，美國協防台灣，風雨飄搖的國府，有驚無險的度過覆滅的危機，而台灣也納入美國圍堵共產主義冷戰的一環。於此背景下，五〇年代的台灣文壇，在「反共抗俄」的前提下，充斥著一股所謂的「戰鬥文藝」運動。這股「戰鬥文藝」的狂潮，也可視為國府政治反共的主要手段之一，國府將其視為一把利器，用之於反共的鬥爭戰場上。基本上，「戰鬥文藝」運動，它是特殊時空的特定產物，更是官方語言霸權和文化壟斷，赤裸裸加之文壇的結果，這是五〇年代以降，台灣文學遭到政治粗暴干預的歷史悲哀。

　　從文學的角度觀之，這種戕害文學生命，歪曲社會真實，純粹淪為官方意識形態傳聲筒的「反共文學」，其內容不僅充斥著「反共八股」，且違背了文學創作的自由意志，它不但虛擲浪費作家的創作才華與文學生命，也扼殺了台灣文學的正常

發展。但從國府的觀點出發，其認為提倡「反共文學」是絕對
有其必要的，當時甚多的國府高層，甚至以為大陸戡亂之所以
失敗，不是輸在槍桿子，而是敗於筆桿子。

　　也因此，在面對中共的威脅之際，國府在台灣決定採取一
系列的自我「改造」措施，從政治、經濟、社會、文化等層面重
新改造做起。其中利用文化手段，進行反共的宣傳鬥爭，是「文
化改造運動」的重要任務。蔣介石總結在大陸對共產黨鬥爭的失
敗，很大的一部分出現在「宣傳不夠主動而理論不夠充實」，
因此如何確定反共宣傳政策，落實「三民主義文化運動」，以
爭取民心，配合軍事反攻，成為國府治台初期的當務之急。

　　所以早在1949年11月初，國民黨已指派CC派出身的任卓
宣來台，出任台北市文化運動委員會主委，為反共抗俄文化運
動預作準備。國府遷台後，由國民黨中央委員會第四組主導，
隨即經常在軍中舉辦文化展覽會、巡迴放映宣傳影片、組織電
影隊、設立廣播電台、播音站等廣為宣傳；或創辦反共報刊雜
誌，開闢反共文化陣地等活動不一而足。尤其甚者是，官方還
透過黨、政、軍、救國團及各級學校等系統，成立各形各色的
文藝團體，並以這些文藝團體名義設立各種文學獎、資助出版
刊物，藉以達到全面控制文藝活動的目的。

　　1950年5月4日，「中國文藝協會」成立，張道藩為主任委
員。「文協」的成立宣言，更標誌以反共抗俄為己任，要做文
藝戰士。由於國府鋪天蓋地的將觸角深入基層，很快地便掌握

了整個台灣文藝的脈動。更可議的是，明目張膽的對各級學校強迫推行「三民主義」的救國教育政策，此舉，對五○年代以後的台灣青年學子影響甚大。

其次，因為〈戒嚴令〉的執行，國民黨在恐共心理下，將戡亂失利的部分原因歸咎於所謂的「三○年代文學」之影響，因此自魯迅以下的左傾文人作品一概全部查禁，一下子使得台灣變成了「禁書」王國。國民黨在台灣的清除左翼作家作品，開啟了五○年代思想上的白色恐怖；也硬生生切斷了台灣新文學命脈。

反共文學時期的文壇及省思

最早提出「反共文學」一詞的人，是1949年11月負責主編《民族報》副刊的作家孫陵，他強調值此國家面臨生死存亡之際，身為作家，對時代、對國家、對社會要有一份責任感，以筆當劍，來「展開戰鬥，反擊敵人」，從事文藝的戰鬥。不僅文藝工作者要以戰鬥的姿態反共，孫陵強調也要對另一個敵人，即「偽裝的、破壞的、腐蝕的、打著『自由主義』幌子的『偽自由主義』份子進行鬥爭。」換言之，反共文學的戰鬥對象有二：即共產黨與所謂的「偽自由主義」者，這也標誌著胡適、雷震、殷海光等自由主義份子，早晚將不見容於台灣當局。

在反共文學的號角下，五○年代的反共報刊、雜誌如雨後春筍般成立，當時較著者有潘壘的《寶島文藝》月刊、何欣主

編《公論報》的〈文藝〉周刊、程大城的《半月文藝》、鐵路局出資辦的《暢流》、冷楓主編之《自由談》和金文的《野風》等。另外，由官方和國民黨經營的尚有《民族晚報》、《中央日報》、《中華日報》、《經濟時報》、《全民日報》等，這些報紙均有副刊，由外省籍作家、報人如孫陵、馮放民、耿修業、孫如陵、徐潛、奚志全、王聿均、黃公偉等所掌控，配合官方政策，全面刊載或宣揚所謂的「反共抗俄戰鬥文藝」。

而五〇年代的反共文學作家，較著者有劉心皇、葛賢寧、陳紀瀅、孫旗、于還素以及諸多軍中文藝作家。其中，孫陵所寫的〈保衛大台灣〉可謂打響反共文藝的第一炮；以後陸續有楊麗生的〈華僑愛國大合唱〉、譚崝軍的〈反攻大合唱〉、李中和的曲〈一切都在打勝仗〉一連串的反共歌、詩、劇、曲，千篇一律都是在灌輸要打倒萬惡共匪的調調。坦白說，小說還是反共文學中成果較為可觀的一部分，當時主要作家有姜貴、潘人木、潘壘、陳紀瀅以及人並未在台灣的張愛玲。陳紀瀅的《荻村傳》、潘壘的《紅河三部曲》、潘人木的《馬蘭自傳》等小說，內容均為揭發共匪的深惡罪孽。比較好的是姜貴的《旋風》和《重陽》，被胡適譽為五〇年代反共文學的少數佳作。雖然小說主題仍不脫控訴共匪的殘暴及禍國殃民，但因結構嚴謹，匠心獨運、形式詭譎多變，故文學技巧極佳，近些年《旋風》再版，讀者仍多。

　　五〇年代反共文學尚締造另一奇蹟，即培養了一批素質不錯的軍中文藝作家。1950年6月，國防部總政治作戰部創辦了《軍中文藝》，作為發展軍中文藝的園地。1952年又創刊《青年戰士報》，其副刊專載軍中官兵之文藝作品。當時由《軍中文藝》出名的作家人數甚夥。計有盧克彰、鄭愁予、履彊（蘇進強）、張默、朱西寧、司馬中原、李冰、田原、文曉村、姜穆、桑品載、王映湘、段彩華、周伯乃、洛夫、張騰蛟、辛鬱、管管、覃子豪、張拓蕪、尼洛、蔡丹冶、菩提、張放、李藍、瘂弦等。這批軍中作家透過小說、散文、小品、詩歌、雜文、報導等文體，創作大量反共文學作品。

　　平情言，這批作家對以後台灣文壇的影響仍不容小覷，其中尤以對新詩的發揚創新更是功不可沒。覃子豪的「藍星詩社」、紀弦的「現代詩社」，創辦《現代詩》季刊及張默、洛夫和瘂弦所成立的「創世紀詩社」，堪稱是五〇年代台灣的三大詩社，其影響一直延續到七、八〇年代仍未衰。

　　總結五〇年代的台灣文學，葉石濤在《台灣文學史綱》說到：「五〇年代所開的花朵是白色而荒涼的，缺乏批判性和雄厚的人道主義關懷，使得他們的文學墮落為政策的附庸，最後導致這些文學變成令人生厭的、劃一思想的口號八股文學。」彭瑞金亦評論言：「反共文學大鍋菜式的同質性（公式化）、虛幻性和戰鬥性等反文學主張，是它的致命傷，所以儘管它霸

佔了整個台灣文學發展的空間，文學的收成還是等於零。」此評論大體不差，然略有以偏概全之嫌。

基本上，一個時代的文學，必有其普遍文體與流行主題思想，而作家之作品也常會反映此種主題思想，這是受時代制約與影響所致，五〇年代之反共文學亦即如此。雖然甚多文評家貶抑五〇年代庸俗的反共文學，但不可謂該年代文學均無佳作，乏善可陳。王藍的《藍與黑》、鹿橋之《未央歌》、潘人木的《蓮漪表妹》均膾炙人口，三十年後仍一版再版，至於張愛玲的《秧歌》、《赤地之戀》更是迄今盛譽不衰，均是明證。

此外，五〇年代也造就一批優秀的女性作家群，這些素質頗高的女性作家相繼在文壇崛起，如林海音、聶華苓、琦君、徐鍾珮、艾雯、郭良蕙、鍾梅音、蓉子、劉枋、孟瑤、張秀亞、謝冰瑩等，都是當時甚為活躍的女作家，她們以清新的散文、小品見長，兼亦從事小說創作，為枯寂的五〇年代文壇，注入一股清新之風。她們在反共文學當道的時代，作品並不全然寫反共八股，反而已經開啟女性文學的先聲。依此而言，我們能說反共文學時代，台灣文壇的成績是零、是一片空白嗎？

是以吾人論述台灣文學，千萬不可隨著政治環境、社會氣氛的變化；或因個人偏見就來建構台灣文學，尤其不該以受壓迫者的心態，刻意悲情實則霸道的自我詮釋台灣文學，這對真正理解台灣文學，不僅不客觀且無益的，吾人看五〇年代的反共文學，心態亦應如此才對。

現代主義文學的興起

　　1956年元月16日，由紀弦發起的「現代派」在台北成立，加盟成員除紀弦外，尚有鄭愁予、葉泥、羅門、蓉子、白荻、方思、楊允達、林泠、季紅、林亨泰等百餘人，聲勢浩大。現代派成立時，宣稱要「領導新詩的再革命，推動新詩的現代化」。同年，夏濟安也創辦了《文學雜誌》，網羅一批文學理論專家如吳魯芹、林以亮、梁實秋等大將參與其中。《文學雜誌》大量譯介中西文學理論，加強文學批評比重；除了介紹如卡繆、艾略特、喬艾思等現代派的作品與理論外；夏濟安等人也以現代主義的方法論，作為實際批評的範例。「現代派」的成立和《文學雜誌》創刊均為1956年，是以文評家都將該年視為台灣現代主義開始的第一年。進入六○年代，現代主義更成為台灣文壇的主流，影響非常之大，直到七○年代鄉土文學興起，才逐漸式微。

　　現代主義在台灣文壇的崛起，其原因有二：一為對反共文學的反動，在政治高壓罩頂下，一般知識份子苦於思想沒有出路，而當時台灣社會內部，又因思想箝制形成所謂的政治疏離感。一批以外省移民為主體的新知識份子，在有鄉歸不得及嚴重的心靈失落感下，紛紛轉向汲取彼時西方正大行其道的現代主義的寫作手法，來創作發抒其情感寄託。二為從菁英份子的文藝美學角度言，他們對當時台灣文學界的庸俗化與功利化的文風

深表不滿，企圖將文學政治化、商品化的傾向導正過來，因而引進英美現代主義為之思想武裝，希望扭轉台灣文壇的氛圍。

「現代詩」的論戰

紀弦成立「現代派」後，接著提出浪漫的六大信條，沒想到因此引來一場筆戰。引起爭論的是第二條「我們認為新詩乃是橫的移植，而非縱的繼承。這是一個總的看法，一個基本的出發點，無論是理論的建立或創作的實踐。」換言之，紀弦要求新詩要現代化，實已隱含新詩的全盤西化在裡頭。

首先對紀弦發難的是詩壇另一祭酒覃子豪，覃子豪不滿紀弦「橫的移植」說，乃寫〈新詩向何處去？〉一文批駁，而拉開論戰序幕。其後，雙方陣營針對新詩的內容與形式，到底是橫的移植或縱的繼承等問題，針鋒相對論戰不休，一直持續至六〇年代中後期方歇。基本上，這兩大詩社的爭論也有好處，至少他們帶動了台灣詩壇的蓬勃發展。除這兩大詩社外，以張默、瘂弦、洛夫為首的軍中詩人也創辦了「創世紀」詩社，並發行《創世紀》詩刊。在創刊號上，「創世紀」揭櫫三條主張：（1）確立新詩的民族陣線，掀起新詩的時代思潮。（2）建立鋼鐵般的詩陣營，切忌互相攻訐製造派系。（3）提攜青年詩人，徹底肅清赤色黃色流毒。

　　由此看來，「創世紀」基本上是較擁護反共文學的，此從它們標榜「詩的本質原就是戰鬥的」宣言可看出，因此其一開始就展現比較強的政治色彩。綜觀《創世紀》諸般詩作，也大抵以提倡「戰鬥詩」居多。另外，它們也強調宣揚民族精神的重要性，由此可見該刊初期的保守形象。然弔詭的是，1959年4月後，《創世紀》立場突然來個大轉變，他們提出了所謂「四性說」，即世界性、超現實性、獨創性與純粹性。其中最關鍵為世界性，因世界性意指西化，「創世紀」詩社從此由狹隘的保守民族主義走向了「西化」之途，最後且成了台灣新詩「西化」的重鎮。「創世紀」的轉向，也充分說明，台灣的新詩，基本上都走上了現代主義之路。

從《文學雜誌》到《現代文學》

　　《文學雜誌》創刊於1956年9月，由任職台大外文系之夏濟安主編，並網羅一批志同道合之士撰稿。該刊強調「苦幹、硬幹、實幹」的樸實作風，不標新立異，只想腳踏實地的用心經營這塊文學園地。《文學雜誌》風格，採古今交融、中西互映、創作與理論並重的開放胸襟，既不排斥對舊詩文的探討研究，也鼓勵新文學的創作；既不忘譯介西方文學理論、引進西方文學作品，然也刊登鼓勵新文學的作品。

　　在反共高壓的年代，《文學雜誌》的問世，無疑為台灣開啟一扇汲取西方文學的窗口，接通了台灣文壇和西方現代主義文學的平台；對當時的台灣文壇影響非常深遠。尤其是《文學雜誌》吸納了一批有別於反共文學的作家群，如梁實秋、余光中、聶華苓、林海音、張愛玲、林文月、宋海屏、琦君、夏濟安、於梨華、林以亮、毛子水、勞榦、梁文星、許世瑛、葉慶炳、吳魯芹、陳之藩、張秀亞、黎烈文、王鎮國、侯健等，皆一時之選，海內外能文的高手。

　　由上述作者群可知，夏濟安是個包容性很大且頗具遠見的主編，他打破作家與學者的界限，將其聚集於一份刊物上，委實不易。尤其《文學雜誌》所訴求的理想，始終主張嚴肅的文學理念，標榜文學的純粹性，反對國家機器將文學視為宣傳工具。不僅如此，夏濟安還不吝獎掖後進，提供園地讓有志於文學創作的青年盡情馳騁，其學生如陳若曦、歐陽子、白先勇等都受其影響匪淺。其後，白先勇創辦的《現代文學》，可說是在《文學雜誌》的基礎上建立的。

　　《現代文學》創刊於1960年3月，因為1959年7月夏濟安赴美講學，《文學雜誌》無人主持而進入尾聲。未幾，《現代文學》問世，在時間點上彷彿是接續《文學雜誌》而生，難怪白先勇說：「《文學雜誌》即《現代文學》的先驅」。《現代文學》創刊之動機，據劉紹銘言，為對中國文學前途之關心；及對文學熱愛所致。其強烈企圖心為「打算分期有系統地翻譯介

紹西方近代藝術學派和潮流、批評和思想,並盡可能選擇其代
表作品」。的確《現代文學》從創刊始,即有計劃的以專號形
式,介紹許多西方現代主義代表性作家,如卡夫卡、湯馬斯‧
曼、喬依斯、勞倫斯、吳爾芙、沙特、福克納、亨利‧詹姆
士等大家。另外,白先勇、王文興、歐陽子等人的作品也刊載
其上。

　　值得一提的是,《現代文學》的作者群,幾乎網羅當時台
灣文壇的後起之秀。主要有叢甦、劉紹銘、葉維廉、王禎和、杜
國清、王文興、歐陽子、陳若曦、李歐梵、白先勇等;後期更加
入了王拓、陳映真、李昂、黃春明、周夢蝶、余光中、鄭愁予、
七等生、何欣等生力軍。不管本省外省,光看這紙名單就知道,
台灣六〇年代的優秀作家,幾乎全被《現代文學》納入旗下,藉
由他們的作品,締造台灣六〇年代現代主義文學的黃金歲月。

　　《現代文學》的主力作家如白先勇、陳若曦、於梨華等人
的小說,固然用了意識流、暗喻、象徵等現代主義小說的表現
技巧,但基本上,他們的創作意識還是走寫實主義的路線。他
們只是侷限性地取材於自己熟悉的現實經驗,但其作品並未忽
略對現實環境與社會大眾的觀照,這是他們同具反叛精神之理
由。然不管是《文學雜誌》或《現代文學》,其共同缺點為,
當他們擎起現代主義文學大旗時,相當程度的被人視為與「反
傳統」、「西化」、「自我解放」、「存在主義」等思潮綁在
一起。而它們確也未能釐清哲學與文學之間的不同客題,而予

以模糊、雜亂、不確定、無條理的譯介，給人一種脫離本土，刻意賣弄理論而實際上並不踏實的感覺。

蒼白大地的本土文學

六〇年代是現代主義引領風騷的年代，但長期以來植根於人民與土地的台灣本土文學，也像一枝壓不扁的玫瑰在默默的重新發芽滋長。即便在五〇年代反共文學當道時，1957年4月由鍾肇政發起了一張小型刊物《文友通訊》，結合本省作家，在通訊上交換作品，聯絡感情，希望維繫台灣本土文學於不墜。而台灣本土作家也確實很爭氣，不少人很快的就「跨越語言」的障礙，而寫出很好的作品。如李榮春、鍾理和、鍾肇政、林鍾隆、施翠峰、文心、廖清秀、陳火泉、鄭煥等，其中廖清秀的《恩仇血淚記》和鍾理和的《笠山農場》，還曾擊敗過眾多外省籍作家，獲得國民黨「文獎會」的高額獎金。

時序進入六〇年代中期，具有台灣人本土意識的文學，正以伏流湧現的方式匍匐前進。這時台灣文壇的本土作家，雖說發表園地少了，但是創作熱情不減，且也逐漸克服語言上的障礙，發表了諸多具有反抗批判精神的作品。這些人大多為青壯派，如早期的鍾肇政、廖清秀、施翠峰等；晚近的陳映真、黃春明、東方白、李喬、鄭清文、王禎和、七等生、鍾鐵民、林懷民、施叔青、李昂、洪醒夫等，都有非常成功的作品問世。

另外，台灣本土詩人亦不落人後，六〇年代中，台灣出現的優秀本土詩人有吳瀛濤、詹冰、陳千武、白荻、林亨泰、錦連、黃荷生；後起之秀有趙天儀、李魁賢、杜國清、洪素麗、林佛兒、葉笛、鄭炯明、林南、林宗源、李敏勇、莊金國等，均有優異詩作面世。

台灣本土文學的驚蟄，也驚醒了一批日治時代的作家，張文環、龍瑛宗、黃得時、王詩琅、王昶雄等紛紛重拾文筆，加入新台灣文學的行列。其中尤以吳濁流更是扮演繼楊逵之後，影響戰後台灣文學發展的靈魂人物。除《台灣連翹》、《無花果》等擲地有聲的力作外，最重要的是，他於1964年獨立創辦了《台灣文藝》雜誌，為培育台灣文學留下火苗，《台灣文藝》不僅體現了吳濁流的文學使命感；也為台灣本土文學保留了一塊可供耕耘的園地。

1977年到1978年間，台灣文壇爆發一場所謂的「鄉土文學論戰」。這場論戰的遠因，要追溯到1966年10月，由尉天驄所主編的《文學季刊》創刊，該刊是一份介於本土與現代主義之間的刊物。就其精神來講，多少仍延續尉天驄主持《筆匯》時期的純文藝主張。《文季》主要作家有王夢鷗、姚一葦、何欣、劉大任、施叔青、尉天驄、黃春明、王禎和、陳映真、余光中、七等生、奚淞、李昂、曹永洋等。

《文季》創刊後，旋即對現代主義展開嚴厲批判，他們嚴正批評現代主義文學的病態、虛浮與游離現實。主張文學要走向

群眾、擁抱世界、面對時代、生活參與等四大信條。平情言，《文季》作家除黃春明、王禎和等少數作家能貼近台灣人民及社會，而創造出具有人道主義之寫實作品外，其他作家仍流於理論的說說而已。然無庸置疑，《文季》高喊的文學「參與」、「關懷」口號，可以說對「鄉土文學」具有重要的啟示作用。

除《文季》開啟先河外，當時台灣一批優秀作家，也創作了不少具備台灣本土意識的作品，為爾後的鄉土文學提供了沃土。以鍾肇政為首的台灣本土作家，逐漸從歷史陰霾走出，不再只寫以日治時代為背景的作品，而開始從鄉土現實汲取創作題材。如鍾肇政於1960年寫的長篇小說《魯冰花》，探討教育異化問題；接著又寫了《濁流》、《江山萬里》、《流雲》的自傳性小說，《濁流三部曲》結構宏偉，氣勢磅礴，首開台灣文學史「大河小說」之先例。不久，鍾肇政更以台灣歷史為軸心，寫了《沉淪》、《滄溟行》、《插天山之歌》的《台灣人三部曲》，為台灣文學史上奠定不朽豐碑。

強調文學植根本土的作家，在六、七〇年代有兩個頗具開創性的小說家，黃春明與王禎和。黃春明小說最大特色是以親身感受過的鄉居小鎮，親自接觸的真實人物為背景，內容有強烈逼人的現實感。其作品創作靈感，主要來自對生活周遭人、事、物的敏銳觀察，是以他的小說素材，幾乎都放在自己所熟悉的鄉土上，具有非常強烈的寫實意義，且兼具人道、批判精神。其著名作品有〈兒子的大玩偶〉、〈莎悠娜啦‧再見〉、

〈癬〉、〈鑼〉、〈看海的日子〉等。

　　另一具指標性的小說家為王禎和，王禎和的作品充滿了對小人物的悲憫情懷，但他不喜歡用直接的方式去傳達他們的悲苦辛酸，反而喜歡用喜劇的嘲弄筆法達到其反諷效果。主要作品有〈寂寞紅〉、〈鬼、北風、人〉、〈來春姨的悲秋〉及〈嫁妝一牛車〉等。在沒有鄉土文學口號的年代，黃春明與王禎和的小說，其實已相當具有濃厚的鄉土味道，尤其是黃春明的作品，在七〇年代鄉土文學運動興起後，更常為最生動的解說範例。不可諱言，黃春明的這些作品，對鄉土文學運動是起了相當大的作用與刺激的。

鄉土文學論戰

　　七〇年代起，隨著國府退出聯合國，台日斷交，美國改善與中共的關係，使得台灣政局發生空前巨變；兼以經濟起飛，引發台灣社會內部結構性的變化，刺激社會意識之覺醒。面對台灣國際地位的逆轉，國家處境日艱，知識份子於感時憂國之際，開始擁抱人民、回歸鄉土、參與社會，形成一股風潮。延續六〇年代寫實主義傳統，更大多數的作家，呼籲要正視文學作品，應該要反映苦難人民生活為使命，強調用文學參與社會的態度，提出文學反映社會、反映現實、反映人生的主張，並藉以建立人道主義為基礎的反省文學。

　　紮根於本土的台灣作家，與從現實反省出發的社會寫實作家，對獨霸台灣文壇已久的現代主義派作家早已不滿甚久。因此從七〇年代始，他們將矛頭指向現代主義文學，終於引爆一場文學論戰。論戰是從現代詩開始的，七〇年代伊始，台灣本土的《笠》詩刊與《龍族詩刊》、新創的《文學季刊》，不約而同的均對現代主義文學展開批判。認為現代主義文學是虛幻、僵斃的文學，缺乏現實精神與群眾結合，是一種孤芳自賞，被困在象牙塔仍不自知的無根文學。

　　在批判現代主義文學之際，以《台灣文藝》及《笠》等本土文學雜誌，刊登大量台灣詩人作品，引發台灣文學的尋根熱；兼以新一代作家從擁抱現實主義出發，以及本土文學伏流的湧現，終於匯聚成一股強大的本土化巨流。除這兩份刊物外，《純文學》、《文季》，甚至《幼獅文藝》、《清溪》、《文藝》等軍系刊物，也接納了此具有濃厚鄉土主義的作品；而報紙副刊更是此一文學風潮的推波助瀾者。另外，《大學雜誌》、《書評書目》、《仙人掌》、《中外文學》及稍後之《夏潮》等刊物，也都先後展開台灣文學有關傳統與特質的座談和討論，終於掀起了一場規模浩大的鄉土文學論戰。

　　論戰始於1976年，朱炎、顏元叔、余光中、彭歌、朱西寧、尹雪曼、趙滋藩、董保中等人，透過《中央日報》、《中華日報》、《中國時報》、《聯合報》、《青年戰士報》等報章，輪番出擊，矛頭指向王拓、楊青矗、陳映真、王禎和、黃春明

等標榜反映台灣民情，紮根現實的鄉土文學作家。彭歌首先發難，於1977年在《聯合報》發表了〈不談人性，何有文學〉文章，點名批判了王拓、陳映真、尉天驄等人。接著，余光中又以〈狼來了〉一文，為寫實主義作家扣上了「工農兵文學」的紅帽子，認為這些作家根本就在製造對立，搞階級鬥爭。

朱西寧則認為，所謂的鄉土文學，可以風行於一時，但最後恐怕仍會流於地域主義，規模不大難成氣候，語氣中充滿了「大中原沙文主義」。他以中華民族文化為標的來看待鄉土文學，並認為回歸必須是建立在中華文化道統之上。另外，張忠棟更對鄉土文學曉以民族大義，他說：「過分強調鄉土的結果，會使大家的目光短淺，心胸狹隘，會在我們社會劃分出來自不同地域的人群，大家搞小圈子，彼此摩擦鬥爭，不復有和諧與團結。」現代主義文學派大將王文興，在〈鄉土文學的功與過〉文中，更是旗幟鮮明的喊出「鄉土文學的創作，我不反對，而鄉土文學的論調，我反對到底。」、「我認為文學的目的，就是在於使人快樂，僅此而已。」此後又有陳鼓應起來三評余光中，試圖其所謂的「整頓文風」。

探討鄉土文學論戰的起因，只不過是當時《仙人掌》雜誌，刊登了王拓的一篇文章〈是「現實主義」文學，不是鄉土文學〉及尉天驄的〈什麼人唱什麼歌〉與相反立場的銀正雄的〈墳地裡哪來的鐘聲〉、朱西寧的〈回歸何處？如何回歸？〉等文而起。基本上，這些作家其實對鄉土文學的概念仍甚模

糊，甚至不是很認同。以王拓為例，他認為這種植根於台灣社會所反映的現實、現況，對這塊土地上人民生活及心靈想望的描述，是不分畛域、不分都市或鄉村的，所以這樣的文學應該叫做「現實主義」文學，而不是「鄉土文學」。

鍾肇政則以宏觀視野來看鄉土文學，他認為「文學是生命的表現，包含一切的可能性」，暗示「鄉土」的詮釋也可含蓋在內。黃春明則對鄉土文學表現不知從何說起的茫然，只強調其主張「通過文學重新認識自己的民族和社會」而已。尉天驄僅是認為文學是要去體察社會低下階層的苦痛，進而為時代的苦難及民族的奮鬥作見證，要「為人生而藝術」，如此的文學作品才能真誠感動人，才有價值。

有趣的是，貫串整個鄉土文學論戰，很多論戰的論述其實是失焦的，即雙方並無交集點，如王文興、陳鼓應之輩即如是。也因此論戰變成一場混戰，主要原因為雙方都離開了文學場域，多少陷入了意識形態的意氣之爭，尤其很多爭議是放在「愛國」、「忠貞」等不相干的地方打轉，彷彿有挑起白色恐怖的味道。

1977年5月，葉石濤在鄉土文學論戰方酣時，加入戰局單刀直入，他在《夏潮》發表了〈台灣鄉土文學史導論〉，為鄉土文學一音定槌作了正名。他認為台灣的鄉土文學就是以台灣意識為前提的文學，是台灣人民長期受到殖民統治的共同經驗，也就是被壓迫與反壓迫的經驗。葉石濤強調台灣鄉土文學，應

該要繼承日治時代台灣人民的反抗意識，如此才是鄉土文學的真諦。

是年6月，陳映真則在《台灣文藝》發表了〈鄉土文學的盲點〉，將台灣與中國放在同一個「反帝、反封建」的系譜上，認為七〇年代的鄉土文學，主要是幫助台灣在社會、經濟、文化上抵抗西化影響與支配，具有反對西方和東方經濟帝國主義和文化帝國主義的意義，而所延續的正是中國追求國家獨立的反帝民族精神。陳映真的講法，把鄉土文學賦予民族主義的意涵，為以後台灣文學是否是「中國的」或「台灣的」文學理論之爭埋下伏筆。鄉土文學論戰進入尾聲之際，又加入胡秋原、徐復觀、侯立朝等人，以民族文化立場來批判彭歌等人的反鄉土洋化派。針對文壇的紛擾，1978年，以楚崧秋、王昇等代表官方，希望大家偃旗息鼓，這場論戰才劃下句點。

平情言，七〇年代的鄉土文學論戰，不論是站在台灣本土或民族主義的立場，其最終目的都是要達到改革台灣經濟、文化的依附性，而將文學納入整個社會改造運動的一環。台灣作家因著這場論戰，更清楚了解到掌握文學主導權的重要，而欲掌握文學主導權，就必須要有更紮實的作品，作為論述闡明的有力後盾。因此不管是創作或整理方面，都有不錯的成績單交出，如鍾肇政的《濁流三部曲》、《台灣人三部曲》；李喬的《寒夜三部曲》等長篇巨著紛紛問世；整理成績如張良澤主編的《鍾理和全集》、《吳濁流作品集》、《王詩琅全集》，李

南衡主編的《日據下台灣新文學》，葉石濤、鍾肇政等主編的
《光復前台灣文學全集》等，均有相當可觀的成果，這些都是
鄉土文學帶給台灣文壇重大之收穫。

總之，七〇年代鄉土文學運動，不但導正了台灣文學長期
以來脫離社會現實面的畸形現象；更進而明確闡述文學創作必
須植根社會生活的理論，最後且形成作家們的共識。鄉土文
學小說所呈現出的多樣風貌，也為八〇年代小說的多元題材奠
定了基礎。

本土文學的覺醒

八〇年代的台灣是個多事之秋，也是石破天驚巨變的年
代，先有「美麗島事件」的悲劇，又有「解嚴」的喜悅；有蔣
經國辭世，威權體制的解體，也有台灣意識及主體性的覺醒。
總之，這是個黑暗與光明、歡樂及淚水交織的時代。隨著政治
強人的遠去，政治民主化曙光的到來，更催化了台灣本土化的
自主意識。基本上，八〇年代台灣文學的發展動力，即來自於
這股本土化的自主意識。

八〇年代的台灣文學，要從「美麗島事件」後的悲情開
始，此時已有作家認為，身為台灣人，理應有堂堂正正的台灣
文學，何須躲躲藏藏以他種文學包裝，因此正視台灣文學之實
際存在是天經地義的。葉石濤的〈沒有土地，那有文學？〉一

文，即為此類作家之代表。葉文甫披載，隨即引來陳映真之批判，陳映真不屑的說：「徒以描繪台灣的人和社會是不足以稱為『台灣人意識的文學』的」，陳映真以為「台灣文學」「是中國近代文學的一個支流，一個部分」。陳的說法，也立即引來台灣本土作家宋冬陽、彭瑞金等人的撻伐，一場延續鄉土文學論戰晚期的台灣文學的「中國結」與「台灣結」之爭，拉開了八○年代台灣文學之序幕。

葉石濤在論〈台灣小說的遠景〉文中認為「台灣文學是居住在台灣島上的中國人建立的文學」，某種程度上講，似有調和「中國結」和「台灣結」之爭的意味。然彭瑞金則以為「台灣文學應以本土化為首要課題」，直言「本土化」是凝聚這塊土地上的文學之關鍵所在；甚至以「本土化」作為檢驗台灣文學的標準。彭的說法，顯然與陳映真是針鋒相對的，而這場爭論最後的結果，因著政治環境的改變，「台灣結」似乎佔了上風。此舉，不僅鞏固了台灣的本土文學，也大大促進了本土文學的覺醒。

八○年代的台灣文學還有一特色，即解嚴後言論自由獲得保障，以往一些禁忌的題材都可以發抒了，「政治文學」因此而蓬勃發展。而從政治文學的關懷與批判對象來看，彼時執政的國民黨當然成為眾矢之的。基本上，政治文學的鼓吹目的，在掃除戰後充滿政治禁忌的文學創作困局，它對打破創作視野的侷限，開拓創作的空間，是有積極意義的。當時政治文

學中，有相當多是屬於「政治傷痕」的作品，細分這些品類有「監獄小說」、「228小說」、「白色恐怖小說」，台灣人受政治迫害之重，由此可見一斑。

監獄小說多半出於「政治犯」之手，內容側重描寫監獄黑幕及不為人知的不人道事件，最著者為施明正的〈渴死者〉與〈喝尿者〉，由其中不啻看到一部國民黨羅織罪名、殘害民主的歷史。「228小說」較著者有王拓的《台北、台北》、葉石濤的〈紅鞋子〉、〈牆〉、郭松棻的〈月印〉、李喬的〈泰姆山記〉等，均收入林雙不編《二二八台灣小說選》一書；長篇小說則有陳雷的《百家村》、陳燁的《泥河》等；至於以自傳或回憶錄形式撰寫的就更多了。「白色恐怖」時期最有名的首推陳映真，其〈山路〉、〈鈴鐺花〉、〈趙南棟〉等小說，追究了白色恐怖的歷史圖像。此外，如姚嘉文的《台灣七色記》是寫個人在美麗島事件後，入監服刑的心路歷程。

總之，有人擔心政治文學太過氾濫可能有損文學的品管，其實倒不盡然，政治文學的興起，是台灣在過去政治時空一段不正常的反思。事實上，文學終究要回歸文學的，重點是，台灣千萬不要再製造有讓政治文學控訴的政治環境。

眾聲喧嘩──文學的多元化

八、九〇年代，台灣文學最大的特色是，文壇呈現眾聲喧嘩，蓬勃發展的局面。因著對社會各種面向的觀照；及對社會各階層的關心，文學揮灑的空間擴大了、文學的觸角深入了。舉凡農民、工人、婦女、漁民、老兵、雛妓、老人、原住民等社會最底層、最受忽略的議題，都成了作家關懷的對象；也成為靈感的泉源，因此以這些題材所創作的作品，不僅量大且多元化。

如鍾鐵民以自己長期居住農村的經驗，寫出台灣農村快速變遷的〈田園之夏〉、〈洪流〉、〈約克夏的黃昏〉等小說，作品描繪出在工業化的潮流下，農村不可避免走向衰敗和沒落的悲哀。楊青矗與後起的陌上塵，則持續對弱勢工人給予關注，寫了《造船廠手記》、《思想起》等小說、散文。另外，張大春寫《雞翎圖》、鍾延豪的〈金排附〉、宋澤萊的《海與大地》、吳錦發的〈兄弟〉都是探討老兵問題的代表之作。分析弱勢族群的雛妓問題，李喬的《藍彩霞的春天》堪稱此領域之先聲。而原住民作家在20世紀末亦不缺席，田雅各、莫那能、施努來、柳翱、郭健平等原住民作家，用他們的小說、詩歌、散文寫出各種佳作，豐富原住民文學的內涵。

八、九〇年代，台灣文學最豐碩的收穫，當推女性作家的崛起、女性主義的興起與女性文學的抬頭。八〇年代的台灣，

是個急遽變動的年代，由於社會逐漸開放與價值觀的改變，原本長期加諸於女性身上的桎梏也隨之鬆綁，新時代的女性走出家庭，自我解放。她們向社會大聲疾呼，倡導兩性平等、色情氾濫與家暴等議題，強調女性自覺運動有其社會積極意義在裡頭。

　　因著美麗島事件坐牢的呂秀蓮，不僅是台灣女權運動的開拓者，也是早期女性作家，著有《這三個女人》、《情》等小說，為台灣的新女性塑像。呂秀蓮後，女性作家紛紛躍上台灣文壇，如袁瓊瓊、廖輝英、蕭颯、曹又方、朱秀娟、張曼娟、蕭麗虹等，所寫的《不歸路》、《油麻菜籽》、《今夜微雨》、《盲點》、《女強人》等，幾乎均圍繞在兩性問題與女性議題的探討。當然整個八〇年代，女性小說最震撼人心的莫過於李昂的《殺夫》，這是一部描寫女性長期受到男性父權、暴力、性與饑餓壓迫的女子，不堪長期受辱憤而殺死丈夫的女性反抗小說，堪稱經典之作，以後又改拍成電影，影響更大。李昂另有小說《暗夜》，則以批判意識，抨擊都市叢林中人性的空虛與腐敗。

　　總的來說，解嚴後，台灣文學也解了嚴，長期以來積累在台灣各個角落、社會各階層的問題均逐一浮現，連帶也製造各個議題，供作家創作思考。而台灣作家也掌握這時代遞變之際，各取所好、創作屬於自己風格及關懷社會各層面的作品。透過文學形式，解嚴後的台灣文壇，呈現一幅眾聲喧嘩，百家爭鳴，文學多元化的景象。舉凡環保文學、都市文學、方言文

學、母語文學、女性文學、原住民文學、眷村文學、同志文學等等，都有亮麗的佳作問世，不僅豐富了台灣文學的內涵；也為知識份子關懷社會、關心弱勢的淑世精神立下典範。

展望21世紀的台灣文學，除了要有台灣文學的主體性外，讓台灣文學走向國際化，也是當代台灣作家責無旁貸的使命。在這全球化的時代，我們不該自滿於樹立台灣文學的主體地位，我們的作家更要有寬廣的視野和世界觀，有人饑己饑、人溺己溺的人道關懷，在後殖民時代、在威權解構的年代，發揮人性的光輝，以悲憫的情懷，關懷人類、關心弱勢族群、地球生態及環保等議題。從台灣做起，進而到全世界，就像當年台灣傳輸「經濟奇蹟」到世界各地一樣。我們在這個島上，曾經創造過很多輝煌的紀錄，台灣文學能否向上攀到另一高峰，進而得到世界的肯定，我們有所期盼且拭目以待。

語言文學類　PG0491

世紀交錯雜感錄
──陳正茂隨思筆記

作　　者／陳正茂
主　　編／蔡登山
責任編輯／蔡曉雯
圖文排版／賴英珍
封面設計／蕭玉蘋

發 行 人／宋政坤
法律顧問／毛國樑　律師
印製出版／秀威資訊科技股份有限公司
　　　　　114台北市內湖區瑞光路76巷65號1樓
　　　　　電話：+886-2-2796-3638　傳真：+886-2-2796-1377
　　　　　http://www.showwe.com.tw
劃撥帳號／19563868　戶名：秀威資訊科技股份有限公司
　　　　　讀者服務信箱：service@showwe.com.tw
展售門市／國家書店（松江門市）
　　　　　104台北市中山區松江路209號1樓
　　　　　電話：+886-2-2518-0207　傳真：+886-2-2518-0778
網路訂購／秀威網路書店：http://www.bodbooks.tw
　　　　　國家網路書店：http://www.govbooks.com.tw
圖書經銷／紅螞蟻圖書有限公司
　　　　　114台北市內湖區舊宗路二段121巷28、32號4樓
　　　　　電話：+886-2-2795-3656　傳真：+886-2-2795-4100

2011年2月BOD一版
定價：310元

國家圖書館出版品預行編目

世紀交錯雜感錄：陳正茂隨思筆記 / 陳正茂著. -- 一版. --
臺北市：秀威資訊科技, 2011.2
　　面；　公分. --（語言文學類；PG0491）
BOD版
ISBN 978-986-221-624-8（平裝）

1. 言論集

078　　　　　　　　　　　　　　　99023923

讀者回函卡

感謝您購買本書，為提升服務品質，請填妥以下資料，將讀者回函卡直接寄回或傳真本公司，收到您的寶貴意見後，我們會收藏記錄及檢討，謝謝！
如您需要了解本公司最新出版書目、購書優惠或企劃活動，歡迎您上網查詢或下載相關資料：http:// www.showwe.com.tw

您購買的書名：_____

出生日期：_____年_____月_____日

學歷：□高中 (含) 以下　　□大專　　□研究所 (含) 以上

職業：□製造業　□金融業　□資訊業　□軍警　□傳播業　□自由業
　　　□服務業　□公務員　□教職　　□學生　□家管　　□其它_____

購書地點：□網路書店　□實體書店　□書展　□郵購　□贈閱　□其他

您從何得知本書的消息？

　□網路書店　□實體書店　□網路搜尋　□電子報　□書訊　□雜誌

　□傳播媒體　□親友推薦　□網站推薦　□部落格　□其他_____

您對本書的評價：（請填代號　1.非常滿意　2.滿意　3.尚可　4.再改進）

　　封面設計____　版面編排____　內容____　文／譯筆____　價格____

讀完書後您覺得：

　□很有收穫　□有收穫　□收穫不多　□沒收穫

對我們的建議：_____

_____

_____

_____

11466
台北市內湖區瑞光路 76 巷 65 號 1 樓
秀威資訊科技股份有限公司 收
BOD 數位出版事業部

....

（請沿線對折寄回，謝謝！）

姓　　名：＿＿＿＿＿＿＿＿＿　年齡：＿＿＿＿　性別：□女　□男

郵遞區號：□□□□□

地　　址：＿＿＿＿＿＿＿＿＿＿＿＿＿＿＿＿＿＿＿＿＿＿

聯絡電話：(日)＿＿＿＿＿＿＿＿＿　(夜)＿＿＿＿＿＿＿＿＿

E-mail：＿＿＿＿＿＿＿＿＿＿＿＿＿＿＿＿＿＿＿＿＿＿